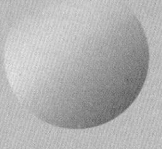

하나님이 빛으로 우주를 창조하다

With Light GOD created the Universe

하나님이 빛으로
우주를 창조하다

초판 1쇄 인쇄 2018년 9월 22일
2판 2쇄 발행 2022년 12월 25일

지은이 장인순
편집·제작 요단출판사
펴낸이 장인순
펴낸곳 장인순과학문화재단출판부
주소 대전광역시 유성구 테크노10로 59 (탑립동), 401호
대표전화 010-5401-2557
홈페이지 www.cissc.kr

총판처 요단출판사
주소 07238) 서울특별시 영등포구 국회대로 76길 10
기획 문의 (02)2643-7390
영업 문의 (02)2643-7290~1 Fax(02)2643-1877
구입 문의 (02)593-8715~8(요단기독교서적)

ISBN 979-11-964852-1-4 03400

- 이 책은 저작권법에 따라 보호를 받는 저작물입니다. 무단전재와복제를금합니다. 이 책 내용의 전부 혹은 일부를 사용하려면 반드시 저작권자와 장인순과학문화재단출판부의 서면 동의를 받아야 합니다.
- 파손된 책은 구입하신 서점에서 교환해 드립니다. 책값은 뒤표지에 있습니다.

표지 디자인 문혜린 표지 설명 137억년 우주 역사에 있어 인간의 출현은 하나의 '사건'이다. 인간은 포유류 가운데 가장 허약하고 무지하게 태어났지만 결코 멍청하게 태어나지는 않았다. 시간 개념, 문자를 사용하는 능력, 수를 세는 지혜는 다른 어떤 동물도 뛰어넘을 수 없는 '진화의 벽'이다. 이런 인간의 능력과 진화의 벽을 우주를 배경으로 이미지화했다.

하나님이 빛으로
우주를 창조하다

장인순 지음

침묵은
천지창조보다 먼저 와서
온 하늘을 말없이 덮었다.

4 하나님이 빛으로 우주를 창조하다

빛

모든 것의 시작에 빛이 있었다.

빛은 종교, 지혜, 감성, 문명이었다.

빛을 찾는 선구자들은 우리에게 과학의 시대를 열어 주었다.

먼 곳을 보게 하고, 더 넓은 곳으로 우리를 이끌었다.

이것은 우주의 탄생을 이야기하고

우주가 무엇으로 이루어졌는가를 가르쳐준다.

그것은 때때로 우리를 기이한 세계로 이끌기도 한다.

순간에서 영원까지 우리를 이끄는 것,

이것은 빛에 관한 이야기이고 바로 창조자 하나님(창 1:1)에 관한 이야기이다.

별1

천 년에 하룻밤만 별이 보인다면,

인간이 어떻게 신의 존재를 믿고 숭배하며,

수많은 세대 동안 천국에 대한 기억을 보존할 수 있었겠는가?

별의 움직임은 계절과 시간의 흐름(시 8:3)을 가르쳐준다.

우리는 별의 움직임을 통해 자연에 법칙과 규칙이 있음을 깨닫게 되고,

별은 바다를 항해하는 배를 항구로 인도하고[2]

인간을 과학의 세계로 이끈다.

천문학은 빛을 모으는 학문이다.

망원경이 하는 일은 빛을 모으는 일이며, 과학의 발달로 이제는 우리도

오직 신만이 들을 수 있었던 '별들의 노래'(욥 38:7)를 들을 수 있게 되었다.

이것이 모든 학문 중에 천문학이 가장 먼저 생긴 이유이다.

---

1 빛의 근원
2 북극성은 지구가 자전하는 동안 움직이지 않는 단 하나의 항성이다. 바다를 항해하는 선박들이 지구에서 800광년이나 떨어져 있는 북극성을 항해의 지표로 삼는 이유는 이 때문이다.

6 하나님이 빛으로 우주를 창조하다

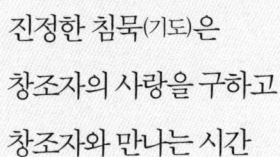

진정한 침묵(기도)은
창조자의 사랑을 구하고
창조자와 만나는 시간

우주는

조병화

우주는 고요하여라
소란한 것은 인간의 세계일 뿐

우주는 평온하여라
불안한 것은 인간의 세계일 뿐

우주는 질서정연하여라
무질서한 것은 인간의 세계일 뿐

우주는 만고무언하여라
변화무상, 희로애락으로 끝이 없는 수라장은
아, 인간의 세계일뿐이어라

어머님, 저는 아직도 이곳에 있습니다.
(하나님 아버지, 저는 아직도 이곳에 있습니다 — 장인순)

저 멀리 다른 행성에서
지구에서 나온 파장을 엿듣는다면,
들리는 것은 끊임없는 비명소리뿐일 것이다.
―아이리스 머독3

---
3 1919~1999, 철학자.

머리말

마음의 돌덩이 하나 치우며…

　우리가 이 세상에 태어나서 가장 먼저 접하게 되는 것은 무엇일까? 그것은 아마도 자신을 낳아준 어머니의 행복한 웃음과 따뜻한 체온 그리고 첫 허기를 달래주는 젖이 아닐까? 모든 것이 새롭고 평온하며 경이로운 세상에서 아이는 부모의 따뜻한 사랑을 자양분 삼아 무럭무럭 성장한다.
　그러나 육체가 자라고 인식이 확장하면서 아이는 또 다른 세계와 접하게 된다. 그것은 자신을 둘러싼 광대한 외부 세계이며 그 세계는 무한한 의문과 호기심의 공간으로 다가온다. 자신의 눈앞에 펼쳐진 또 하나의 세계와 대면한 한 인간으로서의 아이는 지극히 근원적이고 본원적인 질문을 던지게 된다. 그것은 모든 인간이 갖고 있는 가장 보편적인 의문들이다.

    신은 과연 존재하는가?
    우주는 유한한가, 무한한가?
    나는 누구인가?
    나는 어디에서 와서 어디로 가는가?
    나는 무엇을 아는가?

그리고 어쩌면 가장 많은 관심과 의문이 겹쳐지는 질문, 즉 "죽음은 내 삶의 끝인가, 아니면 또 다른 삶의 시작인가?" 하는 것일 것이다!

창의력과 상상력을 가지고 태어난 인간은 이 질문에 대답하기 위해 끊임없이 노력해왔다. 오랜 시간에 걸쳐 문자와 숫자를 이용하고, 더 나아가 인문학, 사회학, 철학, 자연과학 등을 발달시키면서 자신의 존재와 우주의 신비를 밝히고 비움의 미학을 통해 인간이 갖고 있는 이 '근원적인 질문'에 답하고자 몸부림쳐 왔다.

그런데 나에게는 이 '근원적인 질문'에 대한 해답이 하나의 구체적인 경험을 통해 다가왔다. 지금으로부터 40년 전인 1978년 어느 날, 내게 일어난 한 사건을 통해서였다. 기록된 말씀을 통해 마치 '신화 속에 존재하는 것처럼 여겨지던 하나님'의 '참다운 실존'을 온 마음으로 체험했을 때의 그 아픔과 놀라운 해방감! 단번에 온 존재로 확신하게 된 '믿음의 도!'(요 3:3, 유 1:3)

그 체험은 내 삶에 새로운 이정표를 제시해 주었다. 그동안 그렇게 난해하고 읽기 어려웠던 성경이 조금씩 이해가 되고 읽으면 읽을수록 재미가 느껴지는 놀라운 변화가 일어났다. 아주 오래전에 '기록된 말씀'이 죽어 있는 문자가 아니라 바로 지금 여기에서 생명력을 갖고 '살아 움직이는 말씀'임을 깨달았을 때, 나는 비로소 삶의 의미를 찾을 수 있었다.

나에게 이 날은 내가 태어난 날과 마찬가지의 의미를 지닌다. 내가 태어난 날은 오로지 부모님을 통해 알게 된 것이지만, 이 날은 내가 내 삶의 진정한 의미와 가치를 직접 체험하고 경험한 날이기 때문이다. 성경을 읽으면서 등장인물들의 숨결을 바로 옆에서 느끼듯 생생하게 체험했던 그날의 놀라움은 지금도 전혀 잊혀지지 않는다.

그래서 이 값진 체험을 가능한 한 많은 사람들과 나누는 것이 내 책임이요 의무라고 생각했다. 하지만 바쁜 일상에 쫓겨 하루 이틀 미루다 보니 어느새 40년이 흘렀다. 그렇게 시간이 미뤄질수록 마음 한구석에는 반성과 자책의 부담감이 돌덩이처럼 자라나 가슴을 짓눌렀다. 이 책은 바로 이런 부담감의 산물이다. 오랫동안 바쁘다는 핑계로 미뤄두었던 나의 책임과 의무를 다하겠다는 소명

감의 산물인 것이다.

  이 책을 쓰면서 많은 감사를 느꼈다. 가난하지만 정직한 삶을 사신 부모님의 아들로 태어날 수 있었던 것에 감사한다. 일곱 남매를 건전한 사회인으로 길러주신 어머니의 헌신과 사랑에 감사하고, 거의 반세기를 함께 살면서 동고동락 해 온 아내와 가족들에게 감사한다. 또 과학 분야(수학, 화학, 원자력)에서 공부할 수 있었기에 하나님의 존재를 확인할 수 있었고, 그 결과 하나님의 자녀될 수 있었음에 감사한다. 내가 찾고 믿는 하나님은 내 기도를 들으실 수 있으며, 우리의 영혼을 보살피는 창조주이시기에 더욱 감사 드린다.

2018년 9월
장인순

차례

빛 …… 5
별 …… 6
우주는 …… 8
머리말 …… 10
마음의 돌덩이 하나 치우며…

프롤로그 …… 20
우주의 창조자를 찾는 과학자

제1장 빛, 시간, 우주, 그리고 하나님

창세기 1장 1절, 시공이 시작되는 자리 …… 29
생명의 연출자, 물 …… 34
상대성 이론 속에 감춰진 시간의 신비 …… 40
우주를 붙들고 있는 하나님의 능력, 만유인력 …… 52
하나님은 어떤 분이신가? …… 66
인류의 미래사, 성경 …… 81
생명의 신비 …… 93

제2장 과학의 눈으로 성경을 읽다

멋쟁이 하나님과 외로운 지구 …… 102

번개, 천연비료를 만들다 …… 112

삼위일체의 신비 …… 117

피 한 방울에 담긴 '생명의 실상' …… 121

우주에 가득 찬 별들의 노래 …… 137

신의 의미를 추구하는 수학 …… 141

제3장 천지창조의 오라토리오

하나님은 화학자? …… 148

하나님은 물리학자? …… 154

웅대한 서사시, 창세기 …… 161

경외의 대상은 오직 하나님과 부모뿐 …… 186

인간은 말보다 먼저 미소를 배운다 …… 194

창조를 남발하지 않으시는 하나님 …… 199

인간, 슈퍼스타 …… 207

제4장 미래의 묵시록, 그 어둡고 불안한 시간들

이마의 표식과 제2의 바벨탑 …… 213

두 번째 심판과 핵무기 …… 227

4차 혁명의 묵시록 …… 231

종말의 끝에서 찾는 희망 …… 238

제5장 머리에서 가슴까지, 그 긴 여정의 끝

나의 신앙고백 …… 246

우리에게 주신 새 계명 "사랑하라!" …… 266

아름다운 죽음은 하나님의 위대한 승리 …… 270

죽음에 관한 또 하나의 고찰 …… 276

나를 버려야 만날 수 있는 '새로운 나' …… 281

"네가 하나님의 오묘를 어찌 능히 측량하며 전능자를 어찌 능히 온전히 알겠느냐. 하늘보다 높으시니 네가 어찌 하겠으며 음부보다 깊으시니 네가 어찌 알겠느냐. 그 도량은 땅보다 크고 바다보다 넓으니라"(욥 11:7~9).

인간이 감히 하나님을 이야기하고 우주를 논하는 것이 옳은가? 혹시 많은 부분을 잘못 이야기함으로써 큰 오류를 범하는 것은 아닐까? 이런 두려움과 떨림으로 이 책을 쓴다. 본문 속의 시나 여러 내용들을 인용하면서 일일이 저자의 양해를 얻지 못했다. 이 점 이해 바란다.

프롤로그

우주의 창조자를 찾는 과학자

책은 곧 세상이고, 삶이며, 우주이다.
— 이덕무(조선시대 실학자)

누가 나를 여기에 보냈는가?
누구의 명령과 지침에 의해서
이 장소와 이 시간이 내게 할당되었는가?

이 독백은 인간을 '생각하는 갈대'라고 불렀던 프랑스의 수학자이자 철학자인 파스칼[4]의 말이다. 말보다 미소를 먼저 배우는 인간은 분명히 행복할 권리가 있을 터인데, 고통과 질병, 유한한 삶에 묶여 결코 행복할 수만은 없는 존재이다.
그럼에도 불구하고 인간은 시간을 통해 미래를 생각하고, 문자와 숫자를 통해 인간만이 가질 수 있는 문화와 문명을 이루고 축적

---

4 1623~1662.

해왔다. 특히 우주를 품고도 남는 상상력으로 자연의 실체를 탐구하면서 우주의 탄생과 신의 존재를 추구해왔다. 또한 '신과 우주와 나'의 관계를 인문학과 자연과학에 접목시키면서, 신과 과학은 양립할 수 없다는 고정관념에서 벗어나 신과 우주, 그리고 '나'라는 존재 사이의 관계와 그 의미를 찾아가고 있다.

> "나는 내가 어디서 오며 어디로 가는 것을 앎이어니와 너희는 내가 어디서 오며 어디로 가는 것을 알지 못하느니라. 너희는 육체를 따라 판단하나 나는 아무도 판단치 아니하노라"(요 8:14~15).

'나는 어디에서 와서 어디로 가는가?'

이 질문 앞에서 아무 대답도 할 수 없는 인간은 모든 것을 그저 보이는 '육체'(현상)로만 판단하는 것이 아닐까? 소리는 공기라는 매질이 없으면 들을 수 없다. 하지만 빛은 공기가 없는 진공 속에서도 일정한 속도로 움직이며 세상을 밝힌다. 그렇다면 우리의 생각, 우리의 영은 어떤 방법으로 시공을 초월해 소통하고 교감할 수 있을까? 우리의 상상력은 어떻게 이 우주를 품을 수 있을까? 확신컨대 하나님의 영은 빛보다 빠른 속도로 시공을 초월해 '볼 수 있는 자와 들을 수 있는 자'에게 전달될 것이라고 생각한다.

대학에서 화학을 전공하면서 화학반응이 빛과 함께 모든 생명체의 삶을 지배한다는 것을 알게 되었다. 또 30여 년 간 원자력 분야에서 연구 활동을 하면서 핵반응이 우주 탄생의 비밀을 담고 있고 물리적인 우주를 지배하는 중요한 반응이라는 사실을 알게 되었다. 아울러 E=MC²이라는 핵 방정식에 우주에서 가장 중요한 상수인 빛의 속도C가 포함되어 있다는 것은 우주가 질서정연하다는 사실을 입증하는 것이다. 이러한 사실을 처음으로 깨달았을 때 나는 무척 흥분했다. 자연의 신비, 우주의 신비에 감탄하면서 내가 평생 자연과학을 공부할 수 있다는 사실 자체가 크나 큰 축복으로 다가왔다.

그동안 나의 '적은 지식'을 통해 내가 도달한 결론은 이렇다.

이 세상에 태어나 살아가는 모든 사람은 시간과 함께 늙어간다. 그러나 우리가 '비움'을 통해 하나님의 존재를 인정하면 죽음을 향해 질주하는 늙음의 정의가 달라진다. 늙음, 그 자체에는 파괴와 억압이라는 어두움의 길이 하나 있고, 반대로 창조와 해방이라는 또 다른 길도 존재한다. '빛'으로 연결되는 이 길은 인간이 궁극적으로 추구하는 '완전한 자유'의 또 다른 이름이다.

자연과학을 공부하면서 나름대로 터득한 것이 하나 더 있다. 1퍼센트만 알면 나머지 99퍼센트까지 알 수 있는 것이 있는가 하면, 99퍼센트를 알고도 나머지 1퍼센트를 알 수 없어 좌절하고 절망하는 것도 있다는 사실이다. 그럼 우리 삶에서 도대체 알 수 없는 1퍼센트는 무엇일까? 물질계에서는 비우면 비울수록 공간(자유)

이 커진다. 마찬가지로 인간의 삶도 비우면 비울수록 자유로워지고 영향을 받는 변수variable는 줄어든다.

  삶의 목적은 채우는 것이 아니다. 우리를 살아가게 하는 힘은 항아리에 가득 찬 내용물이 아니라 그 속에 남아 있는 여백이다. 비우면 비울수록 많이 보이고 동시에 새롭게 할 수 있는 것들이 많아진다. 진공은 비움을 통해 무한한 가치를 채울 수 있다.

  인간이 동물과 달리 내일을 생각할 수 있다는 것은 얼마나 큰 축복이고 특권인가! 특히 과학자는 미래에 사는 사람으로, 가까운 내일보다는 먼 미래를 생각할 수 있는 사람이다. 과학자가 부자보다 더 큰 자부심을 가질 수 있는 이유가 바로 이것이다. 과학자는 자연을 영혼이 없는 차가운 공간이 아니라 경이와 신비로 가득 찬 '생명의 보고'로 봐야 한다. 과학자는 자연의 언어인 수학을 이용해 우주를 창조한 신의 마음을 읽으려고 노력하는 사람들이다.

  자연법칙은 그 자체로 신의 의지의 표현이다. 물질계에는 자유의지와 질서가 엄연히 존재한다. 과학의 목적에는 이처럼 자연에 나타난 신의 뜻을 알기 위함도 있다. 그래서 과학적 신념의 기반은 신앙적 신념의 토대가 될 수 있다. 과학과 성경은 서로 대립적인 관계가 아니다. 과학은 성경의 토대가 될 수 있다. 생명과 신을 이해하는 최대의 도구가 될 수 있는 것이다.

  현대 과학의 출발은 코페르니쿠스의 지동설과 갈릴레이의 자유낙하(지구중력)법칙이다. 거기에 중력파 검출은 신의 최고의 능력을 확인한 사건이다. 인간은 신의 언어라는 DNA 해독을 통해 신의 창조성과 신비를 찾아가고 있다. 이렇게 과학적인 지식이 종교적인 신념과 화해하고 있다. 과학자가 갖는 신의 존재에 대한 믿음은 신과 과학의 화해이다.

놀라운 것은 인류가 이루어 놓은 오늘날의 과학이 신의 존재를 확인할 수 있게 해주었다는 사실이다. 과학은 철학이나 종교와 마찬가지로 하나의 믿음체계이다. 그렇기 때문에 과학과 종교가 함께 할 수 있으며 서로 보완 관계에 놓일 수 있다.

그동안 과학이 밝힌 많은 객관적 사실들이 성경의 말씀들을 하나씩 하나씩 증명하고 있다. 이 책에서 설명할 많은 내용들이 이러한 과학적 발견들을 기초로 하고 있다. 인류의 미래를 예언한 성경의 기록들이 오늘날 과학의 힘으로 입증되고 있는 것이다. 그래서 과학자로 살아온 내 삶이 행복하다. 과학자로서 내가 얻은 작은 기쁨의 열매들을 독자 여러분과 함께 나누고 싶다.

책이 없다면
신도 침묵을 지키고
정의는 잠자며
자연과학은 정지되고
철학도 문학도
말이 없을 것이다.
— 토마스 바트린

성경은 기록의 종교이다.

제1장

빛, 시간, 우주,
그리고 하나님

나를 주님 앞으로 이끈 세 말씀

1. "하나님의 영은 수면 위에 운행하시니라"(창 1:2)

—물은 생명의 연출자

2. "그의 능력의 말씀으로 만물을 붙드시며 죄를 정결하게 하는 일을 하시고"(히 1:3)

—만유인력/속죄 능력

3. "사랑하는 자들아 주께는 하루가 천 년 같고 천 년이 하루 같다는 이 한 가지를 잊지 말라"(벧후 3:8)

—시간의 상대성

창세기 1장 1절,
시공이 시작되는 자리

⋅ • •

신은 정말 존재하는가?

이 질문은 인간이 던진 가장 오래된 질문임에도 불구하고 아직도 모든 사람이 공감할만한 대답을 내놓지 못하고 있다. 어떤 사람들은 별다른 어려움 없이 신의 존재를 믿지만 다른 사람들은 이를 부정한다. 어떤 입장이 맞는 것일까?

나는 평생을 과학자로 살아왔다. 특히 극미의 세계인 원자력 분야에서 일해왔다. 그래서 원자력을 전공한 과학자의 입장에서 이 문제에 접근해 보고자 한다.

우선 역사적으로 가장 많이 출판되었고, 가장 많이 팔리고 있으며, 가장 많이 읽히고 있으면서도 가장 이해하기 어려운(?) 성경을 통해 하나님의 존재를 살펴보고자 한다.

"네가 하나님의 오묘를 어찌 능히 측량하며 전능자를 어찌 능히 온전히 알겠느냐. 하늘보다 높으시니 네가 어찌 하겠으며 음부보다 깊으시니 네가 어찌 알겠느냐. 그 도량은 땅보다 크고 바다보다 넓으니라"(욥 11:7~9).

이 문제를 논의하기에 앞서 먼저 염려되는 것은 이 거대한 우주를 창조한 신의 존재를 우리 인간이 감히 논한다는 것 자체가 너무 무모하고 무례한 짓은 아닐까 하는 점이다. 왜냐하면 우주의 크기는 그야말로 말로 표현하기 어려울 만큼 광대하기 때문이다.

우리가 사는 우주는 빛이 137억년을 달려야 도달할 수 있을 정도의 크기로, 이 우주 안에는 적어도 1,000억 개의 은하가 존재하며, 각 은하마다 적어도 1,000억 개의 별이 존재한다. 지구가 속해 있는 태양계는 전체 우주 속에서는 티끌보다 작은 크기이다. 그러니, 태양계 내에서도 지구, 지구 안에서도 극히 작은 존재인 인간이 그 큰 우주를 논하고 또 스스로를 우주에 비교한다는 것이 얼마나 무모하고 무례한 짓인가?

그럼에도 불구하고 놀라운 것은 인간이 수학과 과학에 시간을 접목시켜 이러한 광대한 우주의 신비를 하나씩 하나씩 풀어가고 있다는 사실이다.

"하나님의 모든 것을 지으시되 때를 따라 아름답게 하셨고 또 사람에게 영원eternity을 사모하는 마음을 주셨느니라. 그러나 하나님의 하시는 일의 시종을 사람으로 측량할 수 없게 하셨도다"(전 3:11).

시공이 존재하는 장소

"태초에 하나님이 천지를 창조하시니라"(창 1:1).

성경은 이러한 문장으로 시작된다. 나도 처음에 성경을 읽었을 때 이 문장이 참으로 이해하기 어려웠다. '태초'란 도대체 시간적으로 언제를 의미하는지, 또 특정한 어느 한 순간을 의미하는 것인지, 아니면 아주 긴 시간을 말하는 것인지 도무지 알 수가 없었다. 게다가 '천지'The heavens and the earth, 즉 하늘과 땅(지구)을 말하면서 왜 하늘만 '하늘들'이라고 복수로 표현했는지 쉽게 다가오지 않았다. 우주에는 천문학적인 숫자의 별들이 존재하는데[1], 왜 하나님은 "내가 우주를 창조했다"라고 쉽게 표현하지 않았을까 하는 의문이 들었다.

이러한 의문은 어느 날, 한 고등학교 학생들에게 강의를 하던 중 우연히 해답의 단초를 찾게 되었다. 그날 강의에서 한 학생이 내게 "우주란 무엇입니까?" 하고 물었다. 그런데 당시 나는 그 학생의 질문에 정확한 답을 주지 못한 채 돌아왔다. 이 '아픈 경험'이 나로 하여금 정확한 우주의 정의란 무엇인가를 찾게 만들었다.

강의에서 돌아와 주변의 많은 사람들에게 물어보았지만 놀랍게도 명쾌한 정의를 내려주는 사람은 없었다. 우리가 평소에 그렇게

---

[1] 별의 수는 과학이 아무리 발달해도 인간의 힘으로는 헤아릴 수 없을 만큼 많다.

흔히 쓰는 말인데도 말이다! 혼자 고심하며 며칠 동안 관련 서적을 뒤적이다 발견한 우주의 정의는 놀랍게도 '시간과 공간이 존재하는 곳' Where time and space exist이었다. 그리고 이러한 우주의 정의 덕분에 나는 창세기의 첫 문장을 비로소 이해할 수 있게 되었다. 한 학생의 질문에 제대로 대답하지 못해 당황했던 사건이 창세기의 첫 문장에 대한 의문을 푸는 열쇠가 되었던 것이다.

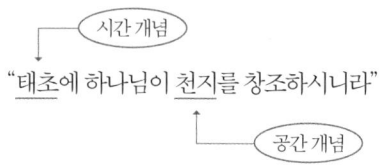

"태초에 하나님이 천지를 창조하시니라"

여기에서 '태초'는 시간 개념이고 '천지'는 공간 개념이다. 이것을 다른 말로 표현하면 "하나님이 시간과 공간을 창조하시니라", 즉 "하나님이 우주를 창조하시니라"가 될 수 있다. 천체물리학에서 시간은 공간과 함께 우주를 구성하는 가장 중요한 요소인데, 이 점을 잘 이해하면 성경을 읽는데 큰 도움이 된다. 우리가 흔히 알고 있는 시간의 개념으로 성경을 읽으면 성경은 비과학적이고 거짓투성이의 이야기일 수밖에 없다. 6일 만에 우주와 인간을 창조했다는 기록을 믿을 사람은 없기 때문이다.

모든 변화의 중심에는 시간이 존재한다. 시간은 우리의 삶과 인류의 역사를 끌고 가는 핵심 요소이다. 삶이란 인간이 일정한 시간과 공간을 부여받는 것이고, 이것을 어떻게 활용할 것인가는 각자의 몫이다. 그렇기 때문에 우리는 본능적으로 시간의 흐름과 길이를 인지하고 있다. 그런데 내가 놀란 것은 이러한 시간에 대한 성경의 이해였다.

그뿐만이 아니다. 기원전 1500년경 시작되어 서기 100년경에 완성된 성경 속에는 다양한 과학 지식들이 감춰져 있다. 지금으로부터 3500년 전에서 2000년 전 시대를 생각해보면, 아마도 지구 전체 인구의 99.9퍼센트 이상이 문맹이었을 것이고 자연과학이라는 개념조차 없었을 것이다. 그런데 어떻게 그런 시대에 오늘날 과학자들이 자연의 신비라고 생각하는 것들을 성경 속에 기록할 수 있었을까? 놀라지 않을 수 없다.

"주의 목전에는 천년이 지나간 어제 같으며 밤의 한 경점As a watch 같을 뿐이다"(시 90:4).

"사랑하는 자들아 주께는 하루가 천 년 같고 천 년이 하루 같다는 이 한 가지를 잊지 말라"(벧후 3:8).

"이는 하나님의 영광의 광채시오 그 본질의 형상이시라 그의 능력의 말씀으로 만물을 붙드시며 죄를 정결케 하는 일을 하시고 높은 곳에 계신 위엄의 우편에 앉으셨느니라"(히 1:3).

생명의 연출자,
물

. . .

"땅이 혼돈하고 공허하며 흑암이 깊음 위에 있고 하나님의 신은 수면에 운행하시니라"(창 1:2-3).

자, 목이 마르니 우선 물부터 한 잔 마시고 '하나님과 시간'에 대한 이야기를 시작해보자. 그런데 우리가 이렇게 쉽게 마시는 '물'은 과연 무엇일까? 물은 인체의 70퍼센트 이상, 지구 표면의 70퍼센트 이상을 차지하고 있는 물체로, 화학적으로 분석해보면 수소^H 두 개와 산소^O 한 개가 결합된 아주 단순한 구조이다.

이렇게 구조는 단순하지만 물은 아주 놀라운 역할을 한다. 사실 물 분자에는 생명을 탄생시키는데 필요한 어떤 정보도 포함되어 있지 않다. 그런데도 물 없이는 생명이 탄생될 수도, 살아갈 수도 없다. 그래서 물을 '생명의 연출자'라고 부른다. 그만큼 생명이 탄생하고 살아가는데 물이 핵심적인 역할을 하기 때문이다.

물의 기현상

과학 서적을 보면 물의 성질과 관련해 '기현상'이라는 말이 나온다. 그럼 기현상은 무엇일까? 물은 H_2O라는 아주 단순한 화학 구조식을 갖고 있지만 그것의 물리·화학적 성질은 같은 계열의 다른 화합물(H_2S, H_2Se, H_2Te)들과는 전혀 다르다. 만약 물에 이런 다른 성질이 없었다면 지구상의 모든 생명체는 그리 오래 가지 못하고 멸종되고 말았을 것이다. 이런 물의 독특한 물리·화학적 성질을 기현상이라고 부르는데, 문제는 이것을 과학적으로 완전히 설명할 수 없다는 데 있다.

어쨌든, 물의 기현상이란 이런 것이다.

첫째, 얼음은 물보다 가볍다. 겨울이 되어 기온이 떨어지면 자연스럽게 몸이 움츠러들듯이 모든 물체는 온도가 내려가면 운동 에너지가 감소하면서 부피가 줄어든다. 그런데 신기하게도 물만은 섭씨 4도에서 최고의 밀도를 유지하고 4도 이하로 내려가면 오히려 밀도가 감소한다. 그래서 물이 얼어 얼음이 되면 오히려 가벼워져서 물 위로 뜨게 되는 것이다. 겨울이 되면 항아리 속에 있던 물이 얼어 부피가 커지면서 항아리가 깨지는 것도 이런 물의 기현상 때문이다.

이처럼 물보다 온도가 낮은 얼음이 더 가벼워지는 현상은 지구상의 생명체가 지금까지 살아남을 수 있었던 가장 중요한 자연의 신비이고 법칙이다. 만약 얼음이 물보다 더 무거웠다면 호수나 바다의 표면에서 언 얼음은 물 밑으로 가라앉게 되고, 결국 바닥에서부터 얼음이 얼게 되어 수중 생명은 살아남지 못했을 것이다. 하지만 얼음이 물 표면에서부터 얼기 때문에 수중 온도의 급격한 저하를 막고 동시에 물 속 생명체를 보호하는 역할을 해 온 것이다.

이뿐만이 아니다. 만일 얼음이 물보다 무거웠다면 지구 표면에는 흙이 존재하지 못했을 것이다. 자연의 바위나 돌이 흙이 되는 것은 풍화작용weathering and erosion 때문이다. 풍화작용에서 가장 중요한 요소는 온도 변화에 따른 물—얼음의 끊임없는 수축과 팽창의 반복이다. 바위의 미세한 틈에 스며든 물은 기온이 내려가면 얼면서 팽창하는데, 이때 팽창에 따른 엄청난 힘이 바위에 균열을 만들어 흙으로 만든다. 이런 현상이 수십억 년 동안 반복되며 많은 양의 흙이 생성되었다. 평지나 산을 파고 들어가면 반드시 바위가 나오는 것은 표면이 훨씬 더 풍화작용의 영향을 많이 받기 때문이다. 또 여름과 겨울이 있는 추운 지방이 열대 지방보다 훨씬 두꺼운 지층(흙)을 갖고 있는 것도 다 이런 이유 때문이다.

둘째, 물은 대단히 큰 열용량heat capacity을 가지고 있다. 그렇기 때문에 우리 몸의 체온을 유지하는데 극히 중요한 역할을 한다. 우리 몸의 70퍼센트 이상은 물인데, 물은 다른 물질에 비해 열을 비축하는 능력이 커서 우리의 육체가 급격한 기온 변화에 노출돼도 체온의 변화는 크지 않게 유지시켜 준다. 만약 우리의 몸이 물 대신 휘발성이 크고 열용량이 적은 알코올로 이루어졌다면 어땠을까? 인간은 아마도 외부의 급격한 기온 변화에 제대로 적응하지 못해 큰 고통을 겪게 되었을 것이다. 특히 추운 겨울, 더운 실내에서 갑자기 추운 실외로 나갈 경우 급격한 체온 저하로 고통을 겪는 것은 물론 저체온증으로 심장마비를 일으킬 수도 있을 것이다.

셋째, 물은 다른 여러 가지 액체에 비해 큰 표면장력을 갖고 있다. 이렇게 큰 물의 표면장력은 식물이 물을 흡수하고 성장하는데 중요한 역할을 할 뿐 아니라 유독가스가 호흡기를 통해 체내에 쉽게 흡수되는 것을 막아주는 역할도 한다.

넷째, 물은 산과 알칼리 및 여러 염을 쉽게 녹이는 성질을 가지고 있다. 여러 가지 용매 중에서도 물질을 녹이고 분해하는 이온화 성질은 물이 가장 뛰어나다. 그래서 물은 동식물의 체내에서 이온화 반응에 직, 간접으로 관여하고 영양분과 배설물을 운반하는 중요한 역할을 한다.

물의 중요성과 역할은 이 외에도 많다. 가령, 일반적으로 같은 계열의 화합물은 분자량이 크면 끓는점도 높다. 하지만 물은 황화수소H_2S에 비해 분자량은 낮지만 훨씬 높은 끓는점과 어는점을 가지고 있다.

	분자량	끓는점	어는점
물H_2O	18.01	100.00℃	0.00℃
황화수소H_2S	34.08	-85.3℃	-60.7℃
H^2Se	80.98	-41.25℃	-65.73℃
H^2Te	129.62	-2℃	-49℃

이처럼 물은 다른 어떤 물질보다 독특한 성질을 갖고 있다. 그래서 과학자들은 지금도 물의 기현상에 대해 많은 연구를 계속하고

있다. 다만, 과학자들의 고민은 얼음이 물보다 가볍다는 사실을 충분히 설명할 수 없다는 데 있다. 물의 수소결합hydrogen-bond으로는 설명이 가능하지만 그것만으로는 완전하지 않다는 데 어려움이 있는 것이다.

물의 철학적·신학적 의미는 물이 생명의 연출자로서 이 세계와 모든 창조물의 시발점이라는 데 있다. 문학적으로는 물은 순수성, 영혼, 모성애, 삶, 젊음 같은 것을 상징한다. 동시에 과학적으로는 '신비의 물질'로 쉽게 설명할 수 없는 특성을 갖고 있다. 동시에 화학적으로는 생명이 편안하게 살아갈 수 있는 온도와 압력을 갖춘 환경을 조성해주는 유일한 화합물이다. 물은 인류의 역사를 지배해 온 법률이자 예술이고 문화이다.

상대성 이론 속에 감춰진
시간의 신비

· · ·

인간과 동물을 구분 짓는 가장 큰 차이점이 뭐냐고 묻는다면 나는 "시간"이라고 대답할 것이다. 동물은 시간 개념, 다시 말해 과거, 현재, 미래 같은 분절적인 시간 개념이 없기 때문에 배만 부르면 행복하고 배가 부르면 사냥감이 눈앞에 있어도 사냥을 하지 않는다. 이런 동물들에 반해 인간은 단순히 배만 부르다고 행복할 수 없는 존재이다. 배가 불러도 인간이 사냥을 하는 이유는 미래에 대한 시간 개념을 갖고 있기 때문이다.

사실 시간은 실체가 없는 개념이다. 시간의 흐름은 수수께끼이며 저장할 수도 없다. 그러면서도 모든 변화의 중심에 있으며 우주를 구성하는 가장 중요한 요소이다. 이런 시간의 속성과 관련해 성 어거스틴[1]은 일찍이 "시간은 실체가 없지만 모든 변화의 중심에 있다"Time is nothing but change고 정의하면서 "우주의 가장 신비스러우면서도 이해하기 어렵고, 동시에 모든 생명체를 죽음으로 이

---

1 Saint Augustine, 354~430.

끌고 가는 가장 강력한 힘"이라고 표현했다.

어거스틴의 이런 정의에도 불구하고, 과학자의 입장에서 볼 때 더 놀라운 것은 아인슈타인의 '시간의 상대성 이론'이 수많은 다른 과학 이론들을 물리치고 순위의 맨 윗자리를 차지하고 있다는 사실이다. 아인슈타인의 이 이론은 발표된 지 겨우 100여 년밖에 안 된 이론이다. 그동안 발표된 자연과학 이론과 법칙이 아마도 수천 개는 넘을 텐데 시간의 상대성 이론은 어떻게 다른 모든 이론들을 물리치고 순위의 맨 윗자리를 차지한 것일까?

여기에는 인간의 무지가 자리하고 있다. 인간은 매일 눈만 뜨면 시간과 마주하면서도 이런 시간에 대해 지금까지 잘 모르고 살아왔던 것이다. 하지만 이것은 놀라움의 시작에 불과하다. 더 놀라운 것은 기원전 1,000여 년 전, 그러니까 지금으로부터 3,000여 년 전에 기록된 성경의 시편에 이 시간의 상대성 이론이 기술되어 있다는 사실이다. 어떻게 이것이 가능할까?

시간의 상대성 이론을 이해하면 창세기에 기록된 '하나님이 6일 만에 우주에서 인간까지 창조했다'는 표현을 쉽게 이해할 수 있다. 창세기에 기록된 '6일'은 우리 시간으로는 130억 년보다 훨씬 더 긴 시간이다. 창세기의 하루는 우리의 24시간이 아니고 수십억 년이 될 수 있다. 왜냐하면 지구의 나이는 45억년이라는 것이 많은 과학적 사실에 의해 밝혀졌기 때문이다.

우주의 신비를 푸는 열쇠, 시간

　우주를 구성하는 가장 중요한 요소는 시간과 공간이다. 그런데 시간의 흐름에 영향을 주는 것이 바로 중력이다. 때문에 정확한 시간을 측정하는 것은 곧 우주의 신비를 푸는 중요한 열쇠가 된다. 왜냐하면 이 거대한 우주는 우주 전체의 무게 가운데 22퍼센트를 차지하는 미지의 암흑물질dark matter로 이루어져 있기 때문이다. 암흑물질은 중력을 통해서만 그 존재를 확인할 수 있는데, 이는 중력이 빛의 궤적에 변형을 일으키기 때문에 광학적인 방법으로 확인이 가능하다.

　그런데 더욱 놀라운 것은 우주의 74퍼센트가 미지의 암흑에너지dark energy로 이루어져 있다는 사실이다. 암흑 에너지는 은하들이 서로 멀어지게 만드는 반중력의 원인인데, 이로 인해 우주는 가속 팽창을 계속하고 있다. 물질과 에너지는 서로 변환이 가능하지만 물리적 성질은 완전히 다르다. 중력은 물질을 모으는 일을 하는 반면, 열은 팽창하려는 성질을 가지고 있어 물질을 흩트리기 때문이다.

　사실 우리가 알고 있는 우주는 전체의 4퍼센트에 불과하다. 그 외 22퍼센트는 우리가 알 수 없는, 그러나 그 존재가 확인된 암흑물질이 어둠 속에서 조용히 우주를 지배하고 있다. 이 암흑물질의 실체, 곧 역할이 중력이며 이것이 하나님의 속성인 것이다(히 1:3).

현대 물리학은 아인슈타인의 상대성 이론이 기폭제가 되었으며 키워드는 시간과 중력이다. 우리 인간은 하루 24시간을 어떻게 활용할 것인가를 고민하며 살아가지만, 물리학자들은 극초의 시간을 어떻게 측정할 것인가를 놓고 고민한다. 극미의 시간 변화를 측정함으로써 물질의 존재는 물론이고 별과 은하의 운행 속도를 알 수 있기 때문이다.

시간이란 무엇인가 What is time?

20세기를 맞으면서 과학계, 특히 물리학계에서는 이제 더 이상 할 일이 없으니 물리학자들은 집에서 어린 손자들하고나 시간을 보내야 할 것이라는 자조 섞인 탄식이 새어나왔다. 그런데 이런 탄식과는 반대로 오히려 '창조적 파괴'라는 지각 변동이 일어났다. 그것이 바로 시간의 상대성 이론과 양자역학의 등장이다.

오늘날 수많은 과학이론 가운데서도 이 두 이론은 맨 위의 자리를 차지하고 있다. 우리는 이 두 이론 덕분에 상상할 수 없을 만큼 과학 문명의 혜택을 받고 있다. 그런데 더욱 놀라운 것은 이 두 이론의 중심에 '시간'이 자리 잡고 있다는 사실이다. 우리의 삶은 시간과 함께 흘러감에도 불구하고 정작 시간의 존재와 흐름은 그야말로 수수께끼였다. 인류의 역사가 강자와 약자, 가진 자와 못가진 자의 대결이었다면, 과학은 한마디로 우주의 가장 강력한 독재자인 시간에 도전한 싸움의 기록이다.

시간과 공간을 극복해서 인간의 삶을 풍요롭게 하기 위한 수단이 과학이다. 그렇기에 시간에 대한 인류의 도전은 앞으로도 영원히 계속될 것이다. 그리고 이와 관련해 인간의 가장 큰 욕망은 바로 시간 여행time machine에 대한 집념이라고 말하고 싶다.

여기 시간에 대한 성 어거스틴의 정의를 소개한다.

시간이란 무엇인가?

성 어거스틴

시간은 그것의 실체는 없지만, 모든 변화의 중심에 그것이 있다. 아무도 내게 묻지 않을 때, 나는 시간이 무엇인지 안다. 하지만 누군가 내게 그것이 무엇이냐고 물으면 정확히 설명하기는 어렵다. 시간은 모든 변화와 생성과 소멸과 함께 한다. 시간처럼 신비하고 설명하기 어려운 것은 없을 것이다. 하지만 시간은 모든 생명체를 탄생에서 죽음으로 실어 나르는 보이지 않는 가장 강력한 힘이다.[2]

---

2 필자는 시간을 우주에서 가장 강력한 독재자라고 정의하고 싶다. 이 강력한 독재자에게 도전한 것이 과학이다.

What is time?

Time is nothing but change. If nobody asks me, I know what time is. But if I am asked then I am at a loss what to say. Time is associated with change, growth and decay. Nothing is more mysterious and elusive than time. It seems to be most powerful force in universe, carrying us inexorably from birth to death.

현대 과학을 이끄는 변수, 시간

현대 과학의 시작을 언제부터로 잡으면 좋을까? 다양한 관점이 있을 수 있지만, 일반적으로는 400여 년 전 갈릴레이가 처음으로 자유낙하법칙에 시간이라는 변수를 도입하면서부터라고 할 수 있다. 우리가 알고 있는 많은 과학이론 가운데 시간이라는 변수가 없는 방정식은 거의 없다. 이는 시간이 우주를 구성하는 가장 중요한 요소이며, 시간 개념이 현대 과학을 이끌고 있는 가장 중요한 변수라는 사실을 말해준다. 우리의 삶은 매 일초 일초가 쌓여 이루어지는 것으로, 시간이야말로 우리의 삶을 형성하는 가장 중요한 요소이다. 따라서 시간을 아끼고 효율적으로 이용하는 것이 삶의 지혜이다.

그럼, 우리의 실생활에서 1초가 어떤 의미를 지니는지 한번 생각해보자. 언론을 통해 3~4년에 한 번씩 연말에 1초씩 윤초를 조정했다는 보도를 보았을 것이다. 이런 윤초는 기후 등 여러 가지 원인으로 인해 발생하는 지구의 불규칙한 자전속도 때문으로, 원자시계와 태양계의 시간에 차이가 발생하기 때문이다. 그래서 이 두 시계의 시간 차이가 0.9초 내에서 서로 일치할 수 있도록 도입한 것이 윤초[3]이다. 만약 윤초를 두지 않으면 우리가 매일 사용하는 자동차 내비게이션이나 휴대전화가 제 기능을 발휘할 수 없다.

자, 그럼 계산을 해보자. 3년(94,608,000초)에 윤초로 1초를 조정했다면, 약 1억 초에 1초를 가감했다는 뜻이다. 1억 초에 1초를 가감하는 것은 우리의 일상생활과는 무관한 것 같지만 우주의 신비를 푸는 데는 이 차이가 얼마나 중요한 것인지 상상을 초월한다. 또 핵무기는 폭약에 의해 핵물질이 임계질량에 도달하는 순간 80여 번의 연쇄반응이 일어나면서 폭발한다. 이때 걸리는 시간이 백만분의 1초$^{\text{micro-second}}$이다. 이는 우주의 신비를 푸는데 극초의 시간이 얼마나 중요한지를 보여주는 아주 작은 예이다.

최근 뇌를 연구하는 사람들은 펨토초^{femto}(10의 -15승 초)를 다루고 천문학자들은 137억년이라는 시간을 다룬다. 세계 최고의 컴퓨터는 1초에 500조 번 연산을 할 수 있으며 앞으로 더 빠른 연산 속도를 가진 컴퓨터 또한 개발될 것이다.

아인슈타인의 상대성 이론은 물리적 세계의 가장 중요한 구성

---

[3] 1분이 59초 혹은 61초가 되도록 조정한 것.

요소인 시간을 자연의 핵심이라는 올바른 위치로 복원시켰다. 실제로 아인슈타인의 시공 개념은 여러 측면에서 전기장이나 핵력장 같이 또 하나의 장이고, 그것은 시간의 재발견이라는 기념비적인 사건이다.

보통 사람에게는 시간과 중력이 아무 관계가 없는 것처럼 보이지만, 실제로는 중력이 큰 곳에서는 시간이 천천히 흐르고 중력이 작은 곳에서는 시간이 빨리 흐른다. 이것이 우주의 가장 중요한 작동원리이다. 시간과 공간과 중력의 상호작용을 통해서 우리는 우주를 이해하고 동시에 하나님의 존재와 그의 위대한 능력을 알게 된다. 능력의 말씀으로 만물을 붙드시고(히 1:3) 시간을 창조하며 시간을 통제하는 하나님!(시 90:4)

시간을 지배하는 하나님과 시간의 지배를 받고 있는 인간의 가장 큰 차이는 시간에 대한 감각과 규모가 다르다는 것이다. 그래서 시간 여행에 대한 인간의 끈질긴 욕망과 집념만큼 실현 가능성이 낮은 꿈도 없을 것이다. 과거 시간에 도전하고 있는 미국의 이론 물리학자 로널드 뮬렛 박사는 어렸을 때 돌아가신 아버지가 보고 싶어 평생 타임머신time machine을 연구하고 있다고 한다. 이는 어쩌면 자연에 대한 인간의 가장 위대한 도전이 아닐까 생각한다.

아인슈타인은 상대성 이론을 통해 시간은 어떤 곳에서나 똑같이 흐르지 않는다고 했다. 이는 삶을 살고 있는 개인 각자에게도 시간의 흐름은 다 다르다는 뜻이다. 블랙홀 주변에서 5년 정도 있다가 지구로 돌아오면 그 사이 지구에서는 10년의 세월이 흐른다. 광속에 가까운 속도로 우주여행을 한 승객은 일주일 후 지구에 도착하면 지구에서는 이미 100년의 시간이 흘렀다.

우리가 진정으로 시간을 알고 느끼면
우리는 우리 자신이 하나의 우주적 존재로서
하나님과 연결되어 있음을 알게 된다.

해와 달을 멈추신 하나님

구약성경을 보면 여호수아가 아모리 족속과 '기브온 전투'를 할 때의 장면이 무척 흥미롭게 묘사되어 있다. 하나님이 해와 달을 멈추고 낮 시간을 연장시켜 이스라엘 민족이 전투에서 승리할 수 있도록 돕는 장면이다.

"여호와께서 아모리 사람을 이스라엘 자손에게 붙이시던 날에 여호수아가 여호와께 고하되 이스라엘 목전에서 이르되 '태양아 너는 기브온 위에 머무르라 달아 너도 아얄론 골짜기 그리할지어다'(아마도 이 성경 말씀 때문에 2000여 년 동안 천동설을 주장하게 된 것이 아닌가 한다) 하매 태양이 머물고 달이 그치기를 백성이 그 대적에게 원수를 갚도록 하였느니라. 야살의 책에 기록되기를 태양이 중천에 머물러서 거의 종일토록 속히 내려가지 아니not hasten to go down하였다 하지 아니하였느냐. 여호와께서 사람의 목소리를 들으신 이 같은 날은 전에도 없었고 후에도 없었나니 이는 여호와께서 이스라엘을 위하여 싸우셨음이니라"(수 10:12~14).

이전에는 운동 경기를 할 때 심판이 시계를 보며 진행했다. 심판이 간혹 자기가 좋아하는 팀이 불리하면 경기 시간을 늘려 진행하는 바람에 빈축을 사는 경우도 종종 있었다. 위의 이야기는 전쟁을 하는데 밤이 되면 이스라엘 민족이 불리해질까봐 해를 중천에 머물게 해(시간을 멈춰) 전쟁에서 승리하도록 만들었다는 내용이다. 어떻게 보면 참으로 재미있는 이야기이다.

그런데, 여기서 주목할 부분은 해와 함께 '달도 멈췄다'는 설명이다. 해가 섰으니 달도 함께 멈추는 것은 지극히 과학적이다. 우리는 바로 이 부분에서 하나님의 지혜를 엿볼 수 있다. 하나님은 해와 달을 세우고 나서 전쟁에 이길 수 있는 시간에 맞추어 해와 달을 아주 천천히 운행하셨다. 하나님은 당신의 능력으로 적을 쉽게 굴복시킬 수 있었음에도 그렇게 하지 않고 이스라엘 민족 스스로 싸워 이길 수 있도록 시간만 벌어주셨다는 것이다. 시간을 창조하고 만물을 붙드시는 능력이 있는 하나님이 오직 이때만 그런 놀라운 기적을 일으키고 다시는 그런 능력을 남용하지 않으셨다는 점을 상기할 필요가 있다. 하나님은 기적을 남용하지 않으신다.

시간의 마법

물리적 시간은 객관적으로 흐르지만 '마음의 시간'은 엄청난 탄성elasticity을 갖고 있다. 공포에 사로잡히면 시간은 느려지고 즐겁고 행복할 때는 빠르게 흐른다. 무엇인가를 초조하게 기다릴 때는 시간이 너무 느리고 슬플 때는 시간이 너무 길게 느껴진다.

마찬가지로 시간의 속도는 우리가 흡수하고 처리하는 정보의

양에 따라 달라진다. 정보의 양이 많아질수록, 다시 말하면 열심히 일하고 공부할수록 시간은 천천히 흐른다. 그래서 할 일이 없는 사람에게는 상대적으로 시간이 빨리 흐른다. 인간은 이처럼 시간을 의식하고 시간에 관심을 기울일 때 자신의 삶을 좀 더 돌아보게 된다. 내가 시간 개념을 강조하는 이유는 이를 통해 자아를 성찰하고 도덕적인 판단을 내릴 수 있는 힘이 생기기 때문이다. 인간은 시간과 독창적인 관계를 유지하는 유일한 종으로 엄청나게 긴 시간을 자신에게 굴복시킬 수 있는 힘을 가진 존재이다.

시간의 가장 확실한 특성은 모든 것을 낡게 만든다는 것이다. 물질계에 영원한 것이 있느냐 없느냐 하는 논쟁은 지금도 계속되고 있다. 여기서 신기한 것은 영원성은 없지만 모든 것은 영원하다는 사실이다. 물질의 형태에서 보면 영원성은 부정되지만 물질의 본성에서 보면 영원성은 매우 긍정적이다. 가령, 원자로 이루어진 물체는 시간이 지나면 낡고 변화되지만 원자 그 자체의 성질은 핵분열이나 핵융합이 일어나지 않는 한 영원하다.

우리의 삶을 결정짓고 고무줄 같이 늘였다 줄였다는 하는 시간의 마법은 지나간 삶이 아무리 힘들고 고통스러웠어도 과거의 삶을 아름다운 풍경으로 변화시키는 힘이 있다. 아픈 고통도 승화시키고, 그토록 강했던 미움과 증오도 이해되고 용서되며 증오를 사랑으로 승화시키는 시간의 마법을 아는 것은 인생의 의미를 아는 것이고 더 나아가 창조자 하나님을 알아가는 길이 되기도 한다.

우주를 붙들고 있는
하나님의 능력,
만유인력(중력)

• • •

고전 물리학의 거장 아이작 뉴턴이 영국 런던에서 공부하던 시기는 전 유럽이 흑사병의 공포로 신음하던 때였다. 당시 20대 청년이었던 뉴턴은 이 전염병을 피해 고향의 사과 농장으로 돌아간다. 그리고 나무에서 떨어지는 사과를 보고 만유인력을 발견했다는 일화는 지금도 유명한 이야기다. 그런 뉴턴이 만유인력설을 발표한 것은 불과 300년 전의 일이다. 만유인력이 발표됨으로써 많은 천문학자들이 우주의 신비를 찾아가는 긴 여정이 시작되었다.

천문학자들은 어떻게 그 많은 별들이 서로를 연결하는 끈도 없이 그토록 긴 세월 동안 일정한 궤도를 따라 돌고 있는지, 또한 그렇게 궤도를 돌면서도 서로 충돌 한 번 없이 엄청난 속도로 달릴 수 있는지 의문에 사로잡혔다. 천체 물리학자들은 지금도 장대한 우주의 장관을 바라보면서 그 힘의 근원이 무엇인지를 열심히 찾고 있다.

만유인력이라 불리는 중력의 실체는 중력파graviton이다. 우주에서 빛과 소리가 전달되는 것은 파장wave이 있기 때문인데, 마찬가지로 중력이 전달되기 위해서도 반드시 중력파가 있어야 한다. 아무것도 없이 중력이 전달될 수는 없기 때문이다.

우주의 마지막 신비이자 만유인력의 실체인 중력파를 찾기 위한 천체학자들의 노력은 지금도 계속되고 있다. 우주에서 질량이 있는 물체가 움직이면 그 물체를 중심으로 시공간이 움직이고 파동이 생긴다. 이는 잔잔한 호수에 돌을 던지면 동심원 모양의 물결이 생기는 것과 같다. 이것이 아인슈타인의 일반상대성이론의 중력파[4]이다. 중력파는 다른 물질과 상호작용하지 않기 때문에 공간의 변화를 측정해 검출한다.

공간의 변화를 측정하기 위한 실험은 이렇게 이루어진다. 같은 길이의 진공 터널 두 개를 만들고 이것이 직각으로 한 점에서 만나게 한다. 여기에 중력파가 지나면 공간에 변화가 생기면서 두 진공 터널의 길이가 서로 다르게 변화하는데, 이 차이를 간섭무늬로 측정해 중력파를 검출하는 것이다. 측정치는 10^{-12} 정도인데, 이 같은 수치는 태양의 반지름만한 공간에서 수소 원자 크기의 반만큼이 변동하는 수준이다.

지구보다 109배나 큰 태양에서 수소 크기 반만큼의 변화는 가장 좋은 현미경으로도 볼 수 없는 수준이다. 그런 변화까지도 측정해

---

[4] 2015년 9월이 되어서야 검출에 성공했다.

내는 과학자들의 인내와 열정이 우주의 신비를 하나씩 하나씩 풀어가고 있다. 이토록 미세한 규모의 변화까지 측정해내는 오늘의 과학은 참으로 대단한 것이다.

신비의 만유인력, 그리고 그것의 실체인 중력파를 찾는 것이 왜 이렇게 어려울까? 그 이유는 그 힘이 바로 말씀으로 만물을 붙들고 있는 하나님의 능력이기 때문일 것이다. 놀랍게도 성경에는 이것이 이렇게 적혀 있다.

"이는 하나님의 영광의 광채시요 그 본체의 형상이시라 그의 능력의 말씀으로 만물을 붙드시며 죄를 정결하게 하는 일을 하시고 높은 곳에 계신 지극히 크신 이의 우편에 앉으셨느니라"(히 1:3).

이 말씀을 읽는 순간 나는 정신이 번쩍 들었다. 내 마음속에는 "중력gravity-gravitation은 어디서 온 것인가?" 하는 의문이 늘 자리 잡고 있었기 때문이다. 그런데 이 말씀을 읽는 순간 그 의문이 풀렸다. 이 거대한 우주를 창조한 창조자의 첫 번째 능력은 우주의 중심에서 우주의 운행을 빈틈없이 주관하고, 둘째는 인간사에 개입해 인간의 죄를 정결케 하는 일이다. 창조주가 아니면 누가 인간의 죄를 정결케 할 수 있겠는가!

자연에는 기본적으로 네 가지 힘이 존재한다. 그 중 하나인 중력은 그 크기가 상상할 수 없을 정도로 작음에도 불구하고, 온 우주를 붙들고 있다 해서 만유인력universal force이라고 부르며 그 자체로 우주의 신비이다. 이 힘은 워낙 작아서 중력파를 검출할 수 없지만, 그 힘들이 계속해서 가산됨으로써[5] 결국은 이 거대한 우주를 붙드는 힘이 되었다. 이것이 하나님의 가장 중요한 능력이다.

중력에 의해 1,000억 개 이상의 별들이 모여 은하galaxy를 만들고, 수천 개의 은하들이 모여 은하단cluster of galaxies을 형성한다. 또 중력에 의해 은하단들이 모여 초은하단을 만들고 그것들이 모여 결국은 이 거대한 우주를 이루고 있다. 은하의 사진을 보면 은하가 태풍같이 회전하면서 움직이는 것을 볼 수 있다. 우주는 절대로 정지해 있지 않다.

그럼, 빛과 중력의 크기를 한 번 비교해 보자. 빛의 크기가 '1'이라면 중력은 10^{-37}으로, 이것은 인간의 감각으로는 절대로 감지할 수 없는 극미의 힘이다. 이런 극미의 힘들이 모여 이 거대한 우주를 붙들고 있다는 사실은 자연의 신비이자 우주의 신비이다.

1,000억 × 1,000억 개의 별이 존재하는 밤하늘을 보면 아주 깜깜하다. 이는 우주가 얼마나 큰 것인가를 보여줌과 동시에 빛보다는 중력(만유인력)이 우주를 지배하고 있음을 보여주는 증거로, 하나님의 능력을 드러낸다. 태양이 우리에게 주는 빛은 수소와 만유인력에 의해 만들어진 것이다. 지구상의 모든 생명체는 이 빛에 의지해 살고 있다. 만유인력이 존재하지 않으면 태양이 존재할 수 없고, 태양이 존재하지 않으면 어떤 생명체도 존재할 수 없다.

---

5 중력은 마이너스 에너지가 없고 계속 플러스만 된다.

기본 힘의 표	세기
1. 강력(핵력 strong force)	1
2. 전자기력(빛 electromagnetic force)	10^{-2}
3. 약력(핵력 weak force)	10^{-13}
4. 중력(만유인력 gravity)	10^{-39}

유레카! 마침내 검출된 중력파

2015년 9월 18일, 세계 과학계는 그동안 감춰져왔던 우주의 신비를 푸는 놀라운 성과를 거두었다. 100년 전 아이슈타인이 일반상대성이론을 통해 존재를 예측했던 '중력파'를 마침내 라이고 LIGO 6가 검출해 낸 것이다.

중력파는 질량을 가진 물질이 받는 힘의 변화로 인한 에너지가 파동처럼 전달되는 것으로, 전자기파처럼 빛의 속도로 이동한다. 중력파의 강도는 어떤 길이의 물질이 중력파에 의해 얼마만큼 변화되었는가를 측정함으로써 알 수 있다. 특정한 길이를 가진 물체

---

6 레이저 간섭 중력파 관측소. 서로 멀리 떨어진 두 개의 실험실로 이루어져 있다. 미국 워싱턴 주 핸포드에 하나가, 3,000킬로미터 떨어진 루이지애나 주 리빙스톤에 다른 하나가 있다.

에 중력파가 지나가면 그 시공간이 중력파의 진동모드에 따라 수축과 팽창을 반복하는 진동운동을 하게 된다. 하지만 그 변화의 크기는 극히 작다.

놀라운 것은 100년 만에 중력파가 검출되었다는 사실과, 그토록 미세한 크기의 움직임을 측정할 수 있는 현대 과학의 능력이다. 중력파로 인해 베일을 벗게 될 천문학과 천체 물리학의 수많은 발견들은 앞으로 우리가 이해하게 될 우주에 대한 인식의 지평을 넓혀 우주의 신비를 풀어갈 것이다. 아울러 중력파 검출로 노벨상을 받은 세 분의 과학자에게 따뜻한 축하의 말을 전하고 싶다.

빛으로 시작된 창조의 역사

태초에 하나님은 빛(초고온의 에너지 스프)으로 우주를 창조Big Bang 하셨지만, 그 이후의 모든 빛은 물질이 가지고 있는 인력, 즉 만유인력에 의해 만들어졌다.[7] 우주를 창조한 최초의 빛, 곧 에너지는 냉각과 핵분열·핵융합 같은 핵변환을 통해 물질로 변화한 것이다. 이를 통해 100여 가지 원소가 생성되었으며 그것이 바로 우리가 밟고 있는 흙이다. 태양 역시 거대한 수소 덩어리에 만유인력이라는 힘이 작용하여 탄생한 것이다. 우주의 모든 별은 반드시

---

[7] 태양은 만유인력이 수소를 모아서 만든 것이다.

수소의 핵융합으로 인해 시작된다.

이 과정을 좀 더 자세하게 설명하면 이렇다.

137억 년 전 최초의 초고밀도, 초고온의 에너지 스프가 대폭발 Big Bang에 의해 수소와 헬륨 가스를 만들어 우주 공간에 흩뿌려 놓았다.[8] 여기에 하나님의 가장 중요한 능력인 만유인력이 작용해 이 가스들을 모으고 그것들이 합쳐져 수많은 별이 탄생한다. 이 별들의 중심에서는 계속해서 핵융합이 일어나고 이를 통해 철Fe에 이르기까지 가벼운 원소들이 만들어진다. 또 여기서 더 나아가 초신성supernova이 자체 중력으로 폭발하면서 핵융합을 일으켜 철보다 무거운 원소들도 만들었다.

이 과정을 표로 정리하면 다음과 같다.

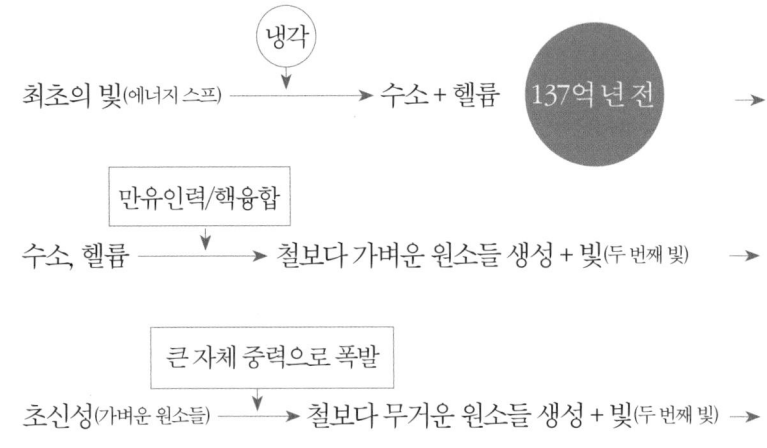

---

8   팽창inflation은 우주 초기 t=10⁻³⁵초에서 t=10⁻³³초 사이에 일어나 엄청난 속도로 팽창해 우주에 공간을 만들었다.

위의 과정에서 아래 둘은 아직도 우주 공간에서 진행되며 찬란한 우주쇼를 연출하고 있다. 여기서 최초의 빛(에너지 스프)이 바로 우주를 창조한 빛이다. 이 빛으로 인해 우주 공간에 100여 종의 원소가 탄생되고, 만유인력이 작용하면서 은하가 탄생하고, 그 은하 속에 태양계도 생기고 지구도 생겨서 오늘에 이르게 된 것이다. 우리의 육체를 이루고 있는 원소·원자들은 초신성의 폭발(핵융합)에 의해 생성된 것으로, 그래서 물리학자들은 인간을 '초신성의 후예'라고도 부른다.

우리가 살아가는데 있어 가장 중요한 에너지원인 빛은 '원소와 만유인력의 합작'으로 생성된 것이다. 그래서 그 뿌리를 찾아가면 빛으로, 거기서 더 내려가면 만유인력으로, 그리고 그 밑으로 내려가면 하나님의 능력에 도달하게 된다.

	게이지 입자	질량(무게)
중력	중력자 graviton	0
빛(전자기력)	광자 photon	0
강력	글루온 gluon	0
약력	약한 보손 weak boson	-100mp

빛의 신비는 파동과 입자의 성질을 동시에 가지면서 무게가 없다는 것이다. 입자의 성질을 가진 빛이 무게가 없다는 것은 상식적으로는 이해하기 어려운 부분이다. 그런데 그 신비가 최근 노벨 물리학상 수상자인 영국의 피터 힉스Higgs 박사와 벨기에의 F. 앙글레르Englert 박사에 의해 풀렸다.

힉스 입자는 물질에 질량을 부여하는 존재로 '신의 입자'로 불려 왔다. 현대 물리학에 따르면, 물질을 이루는 기본 입자에는 질량이 없다. 그런데 놀랍게도 입자가 결합해서 만들어진 물질에는 질량(무게)이 있다. 힉스 박사는 상식 밖의 이 모순을 기본 입자에 질량을 부여하는 힉스 입자를 통해 해결할 수 있다고 예견했고, 유럽 입자물리연구소CERN의 과학자들이 가속기로 우주 탄생 상태를 재현함으로써 마침내 그 존재를 입증하게 되었다. 힉스 입자는 빅뱅 초기에 다른 입자에 질량을 주고 사라진 입자이다.

빛은 어둠을 밝히고 생명을 키우며 온기를 준다. 그러면서도 무게가 없다는 것은 참으로 신비한 일이다. 그래서 혹자는 우주가

'무'에서부터 시작되었다고 주장한다. 빛에 무게가 없기 때문이다. 중력도, 빛도 무게가 없지만 이 우주를 지배하며 생명을 기르는 놀라운 신비가 과학을 통해 하나씩 하나씩 풀리고 있다. 인간은 이렇게 우주 창조의 근원을 찾아가고 있는 것이다.

민들레

신진

가장 낮은 자리에서 밝게 웃는 꽃

민들레

바위틈, 잡초 틈, 소나무 밑동

자투리 땅에서 전신이 웃음되는

사방 연속무늬

제 영역 없어

남의 발치에서 살아서 일까?

마지막은 가장 가벼운 홀씨가 되어

드높이 뜨네

    그러면, 인간의 영혼은 어떨까? 영혼에 무게가 있을까? 나는 확신하건데 무게가 없다고 생각한다. 인간의 죄 역시 저울로 달 수 있는 무게는 없을 것이다. 사람들이 생명의 무게가 얼마나 될까 싶어 실험을 해봤다. 막 숨을 거둔 사람의 무게는 죽기 전보다 몇

십 그램 정도 줄어서 영혼(생명)의 무게는 30여 그램 정도라는 기사가 실린 적이 있었다. 하지만 나는 빛(열)이 무게가 없듯이 인간의 영혼도 무게가 없을 것이라고 생각한다.

다만 인간이 무거운 죄를 지고 있을 때는 그 영혼이 엄청난 죄의 무게 때문에 자유로울 수 없을 것이다. 무게가 없는 영혼이 무게가 없는 죄를 만났는데 엄청난 죄의 중압감을 느끼는 것은 왜일까? 알 수 없는 일이다. 다만 이 중압감은 결국 인간의 영혼을 갉아먹고 망가뜨리는 힘이 될 것이다. 가장 낮은 자리에서 자란 민들레 홀씨가 너무 가벼워 자유롭게 하늘을 날듯이, 죄가 없는 영혼은 한없이 가벼워져 천국까지 날아갈 것이다.

내가 이 글을 쓰는 이유도 자연의 신비를 과학적 근거를 통해 풀어가면서 보이지 않는 하나님의 실존을 확인하고 그를 통해 진정 자유로운 영혼을 회복하기 위한 것이다. 민들레 홀씨가 자유롭게 하늘을 날 듯이 죄 없는 자유야말로 인간이 궁극적으로 추구하는 삶이다.

가끔 등산을 하거나 아파트 계단을 오르내릴 때 지구가 우리를 끌어당기고 있는 힘이 얼마나 큰 것인지를 실감한다. 그럴 때마다 중력을 내 마음대로 조절할 수 있다면 얼마나 편할까 하고 생각해 본다. 그러나 실제로는 중력은 대단히 작은 힘이다. 몸무게 70킬로그램인 사람으로부터 1미터 거리에 또 한 명의 70킬로그램인 사람이 있다면, 두 사람 사이의 중력은 0.05밀리그램이다. 0.05밀리그램의 힘이라는 것은 사실 인간이 느낄 수 없는 힘이다.

지구에서 70킬로그램인 나는 달에서는 11킬로그램이고, 목성에서는 180킬로그램이며, 태양의 표면에서는 2,000킬로그램이나 된다. 달은 지구 질량의 1/81이지만, 달의 반경이 지구의 1/3.7이기 때문에 달 표면의 중력은 지구의 1/6이 된다. 이 같은 사실을 기초로 내가 달에 가서 생활한다고 상상해보자. 나는 체중이 11킬로그램이니 웬만한 높이에서는 떨어져도 크게 다치지 않을 것이고 몸이 너무 가벼워서 쉽게 넘어질 수도 있을 것이다. 하지만 목성에 가면 몸이 너무 무거워서 활동하기 힘들 것이다.

하나님은 중력이라는 미세한 힘들을 모아 이 거대한 우주를 당신의 품안에서 질서정연하게 운행하신다. 또 인간과의 소통에서도 큰 소리가 아닌 세미한 gentle blowing 음성을 통해 당신의 뜻을 전달하신다.

"또 지진 후에 불이 있으나 불 가운데에도 여호와께서 계시지 아니하더니 불 후에 세미한 소리가 있는지라 엘리야가 듣고 겉옷으로 얼굴을 가리고 나가 굴 어귀에 서매 소리가 그에게 임하여 이르시되 엘리야야 네가 어찌하여 여기 있느냐"(왕상 19:12~13).

현대 과학문명이 이제야 겨우 하나씩 하나씩 풀어가는 자연의 신비들이 수천 년 전, 인류가 문맹에서 깨어나기도 전에 이미 기록되었다는 사실을 어떻게 설명할 수 있을까? 성경은 분명히 인간의 손으로 기록되었을 터인데, 과학을 전혀 모르는 사람들이 어떻게 이런 기록을 할 수 있었을까? 이에 대해 성경은 다음과 같이 기록하고 있다.

"이는 여호와의 입이 이를 명령하셨고 그의 영이 이것들을 모으셨음이라"(사 34:16).

하나님은 어떤 분이신가?

● ● ●

하나님은 어떤 분이신가? 참으로 어려운 질문이다. 이 질문은 모세조차도 대답을 못해 하나님께 묻는 장면이 성경에 나온다. 모세의 질문에 하나님은 "나는 스스로 있는 자니라 I am who I am"고 대답한다.

> "모세가 하나님께 고하되 내가 이스라엘 자손에게 가서 이르기를 너의 조상의 하나님이 나를 너희에게 보내셨다 하면 그들이 묻기를 그의 이름이 무엇이냐 하리니 내가 무엇이라고 그들에게 말하리이까. 하나님이 모세에게 이르시되 나는 스스로 있는 자니라"(출 3:13~14).

여기서 재미있는 것은 하나님이 택한 모세조차도 하나님을 이스라엘 민족에게 잘 설명할 수 없었다는 점이다. 그렇다면 보통 사람들이 온 우주에 충만해 있지만 결코 보이지 않는 하나님을 믿고 설명한다는 것이 가능한 일이겠는가?

오래 전의 일인데, 서울역에서 대전으로 가는 기차를 타려고 기다리고 있었다. 그때 한 20대 예쁜 아가씨가 다가와 말을 걸었다.
"예수님 믿으세요?"
그래서 내가 그 아가씨에게 물었다.
"하나님은 어떤 분이세요?"
내 질문에 그 아가씨는 대답을 못하고 쩔쩔매고 있었다. 그래서 내가 출애굽기의 해당 부분을 찾아 보여주었더니 무척 고마워하면서 "성경을 열심히 읽고 전도하겠습니다"라고 대답했다. 나는 그 아가씨에게 전도를 하면서 어떤 질문을 받게 되거든 자신의 생각으로 대답하지 말고 반드시 성경 말씀으로 대답을 하라고 일렀던 기억이 난다.

하나님은 $t=0$ I am who I am

하나님은 놀랍게도 인간의 영혼에 시간 개념을 심어주어 하나님을 찾아가도록 만들었다. 그래서 하나님을 이해하고 설명하는 데는 시간 개념이 대단히 중요하다. 만일 하나님이 우주(시간과 공간)를 창조하셨다면, 하나님은 시간 위에 계시는 존재로서 시간의 구속을 받지 않고 언제나 현재에 존재하는 분이다.

그럼 하나님은 왜 자신을 "I am who I am"이라고 표현하며 'am'

이라는 현재격 시제를 사용했을까? '현재'라는 개념은 물리학에서 't=0'이라는 의미로 '시간이 없다'는 뜻이다. 일반적으로 현재라는 개념은 "과거의 시간 조금과 미래의 시간 조금"으로, 시간은 미래에서 현재를 뛰어 넘어 과거로 끊임없이 흘러가는 것이다. 따라서 하나님이 자신을 'am'이라는 현재격으로 표현한 것은 물리학적으로 't=0'의 존재라는 의미이다.

그럼 하나님이 t=0의 존재라는 것은 어떤 의미인가? 하나님은 변하지 않는 불변의 존재라는 뜻이다. 다시 말하면 하나님에게는 모든 시간이 현재 속에 포함되어 있기에, 현재에 사는 하나님은 인간이 지은 죄를 포함해서 모든 것을 기억하고 계시는 것이다. 모든 변화는 시간의 함수인데 그분은 언제나 현재에 있기 때문이다.

반면 인간은 시간 아래, 즉 시간의 구속을 받고 있기에 과거가 있고 미래가 있으며, 태어나서 살아가는 동안 시간과 함께 변화하며 망각하고 점점 늙어간다. 그러니, 누가 감히 시간을 마음대로 통제할 수 있으며 시간의 구속으로부터 벗어날 수 있단 말인가! 시간을 마음대로 할 수 있고 영원히 현재에 산다는 것은 전지전능 almighty하다는 의미이다. 하나님은 과거, 현재, 미래라는 시간 위에 계시기 때문에 우주 창조 때부터 먼 미래까지 모든 것을 보고 계시다는 것을 알아야 한다.

결국 삶이란 시간과 공간을 부여받는 것이다. 하나님이 창조한 시간은 인생을 구성하는 가장 중요한 요소이며, 인간이 위대한 것은 시간 개념이 있고, 그 시간을 분배하여 효율적으로 사용하는 지혜가 있기 때문이다. 그래서 우리는 시간을 경험할 때 우리 자신이 우주와 연결되어 있음을 느낄 수 있고 하나님의 존재를 확인할 수 있다.

하나님이 시간과 공간을 창조한 것은 인간이 시간과 공간의 산물이기 때문이다. 인간과 인간, 인간과 시간, 인간과 공간 사이에서 지적 인격이 형성되고 창의적인 능력이 개발된다. 모든 동물은 현재를 중심으로 과거와 미래가 완전히 대칭이지만, 인간만은 현재를 중심으로 과거와 미래가 비대칭이고, 이렇게 비대칭성이 클수록 더 인간다운(?) 것이라 할 수 있다.

인간의 내일은 분명히 어제와 달라야 한다. 그래야 인간이다. 이것이 여호와 하나님의 뜻일 것이다.

창조자 하나님

시간과 공간을 초월하는 존재

모든 시간, 즉 과거·현재·미래가 현재 개념이다.

그래서 과거의 모든 인간사를 기억하고 먼 미래의 세계사를 가지고 있다.

이것이 성경이다.

인간

시간과 공간의 지배를 받는 존재

인간에게는 과거·현재·미래라는 시간이 있다.

그러나 과거를 쉽게 망각하고 먼 미래는 예측이 불가능한 존재이다.

… DARK MATTER

암흑우주

> 그 부분이 다르다. 우주 개벽 후 빅뱅은 우주의 모든 곳에서 일어 났다. 우주 자체가 대폭발과 같은 상황에서 탄생했다. 우리가 지금 보고 있는 광활한 우주의 그 어디에서나 동일하게 대폭발을 경험하고 있었던 것이다. 따라서 우주에 특별한 장소는 없다. 물론 우주의 중심이라는 것도 없다. P.122

이 거대한 우주에 물리적인 중심은 없다. 다만 창조자인 신이 그 중심에 있을 뿐이다. 이런 사실은 진화론자나 신의 존재를 믿지 않는 과학자들에게는 가장 충격적인 소식이다.

종교(성경)와 과학은 왜 함께 가야 할까?

창조자가 만든 우주의 참 모습을 아는데
과학이 일정한 역할을 수행할 수 있기 때문이다.

인간은 해와 달이 동쪽에서 떠서 서쪽으로 지는 것을 보면서 자연스럽게 지구가 우주의 중심이라고 생각했다. 이러한 오류는 망원경 같은 도구나 과학 기술이 없으면 자연스럽게 일어날 수밖에 없다. 하지만 과학 기술이 발달하면서 인간은 지구 중심에서 태양 중심 그리고 이제는 은하수 중심으로 생각이 변화하고 있다. 그럼, 은하수의 중심 다음은 무엇일까?

지구 중심 ⟶ 태양 중심 ⟶ 은하수 중심 ⟶ 창조자 하나님 중심

그런데 놀랍게도 우주에는 중심이 존재하지 않는다고 한다(엡 4:4). 그동안 천문학자들이 우주의 중심을 찾으려고 얼마나 노력을 많이 했겠는가? 물리의 기본 법칙은 모든 물체에는 무게 중심이 있다는 것이다. 따라서 이 우주의 중심은 바로 하나님이다. 창조주인 하나님이 우주의 중심에 계시면서 그의 능력 중 하나인 만유인력으로 우주를 운행하고 계신다.

"우리는 지금까지 우주의 중심이 어디이며,
무엇이 있는지도 모르고
날마다 하늘만 쳐다 보고 살았다."

"이는 하나님의 영광의 광채시요 그 본체의 형상이시라. 그의 능력의 말씀으로 만물을 붙드시며 죄를 정결케 하는 일을 하시고 높은 곳에 계신 위엄의 우편에 앉으셨느니라"(히 1:3).

달은 지구를 중심으로, 지구는 태양을 중심으로, 태양은 은하수를 중심으로 돌고 있다. 그리고 이 거대한 우주는 창조자 하나님을 중심으로 돌고 있다. 천체물리학이 발견한 사실이 바로 이것이다. 하나님이 창조한 진정한 우주의 모습을 과학이 우리에게 알려주고 있다.

"악인은 그 교만한 얼굴로 말하기를 여호와께서 이를 감찰치 아니하신다 하며 그 모든 사상에 하나님이 없다 하나이다"(시 10:4).
"어리석은 자는 그 마음에 이르기를 하나님이 없다 하도다. 저희는 부패하며 가증한 악을 행함이여 선을 행하는 자가 없도다"(시 14:1).

지구 중심 → 태양 중심 → 은하 중심 → 창조주 하나님

달은 지구를 중심으로, 지구는 태양을
중심으로 태양은 은하를 중심으로 돌고 있다.
그리고 이 거대한 우주는
창조자 하나님을 중심으로 돌고 있다.
천체 물리학이 발견한 사실이 바로 이것이다.
하나님이 창조한 진정한 우주의 모습을
과학이 우리에게 알려주고 있다.

"어리석은 자는 그 마음에 이르기를 하나님이 없다 하도다"
(시 14:1)

이 거대한 우주에
물리적인 중심은 없다
다만 창조자인 신이
그 중심에 있을 뿐이다

이런 사실은 진화론자나
신의 존재를 믿지 않는 과학자들에게는
가장 충격적인 소식이다.

"그 부분이 다르다. 우주개벽 후 빅뱅은 모든 곳에서
일어났다. 우주 자체가 대폭발과 같은 상황에서 발생한다.
우리가 지금 보고 있는 광활한 우주의 그 어디에서나
동일하게 대폭발을 경험하고 있었던 것이다. 따라서
우주에 특별한 장소는 없다. 물론 우주의
중심이라는 것도 없다."

-다나구찌 요시아키의 DARK MATTER(암흑우주) 중에서

우주의 중심을 찾아서

나는 우주가 무한하다면 하나님은 존재하지 않을 것이고, 우주가 유한하다면 하나님은 분명히 존재할 것이라고 생각해왔다. 그리고 만약 하나님이 존재한다면 그분은 분명히 무한하고 전지전능한 존재일 것이다. 따라서 하나님과 우주라는 두 개의 무한은 공존할 수 없다고 생각했다. 그래야 논리적으로 모순이 없기 때문이다. 다시 말하면 '무한한 능력의 하나님이 유한한 우주를 창조했다'라고 해야만 논리적으로 모순이 없는 것이다.

뉴턴은 시간의 절대성을 주장하면서 우주의 무한을 주장했다. 하지만 20세기가 낳은 현대 물리학의 거장 아인슈타인은 시공간의 연속이론 space-time continuum theory과 시간의 상대성 이론을 통해 우주의 유한함을 증명했다. 우주는 지금도 굉장히 빠른 속도로 팽창을 계속하고 있으며 우주가 팽창하고 있다는 것은 우주가 유한하며 우주의 가장자리, 즉 끝이 있다는 의미이다.

물리학의 기본 법칙은 유한한 물건은 반드시 무게 중심 mass center이 있고 가장자리가 있다는 것이다. 그럼 우주가 유한하다면 우주의 중심은 어디에 있을까? 천체 물리학자들은 팽창하고 있는 이 거대한 우주의 중심을 오랫동안 찾아왔지만 결코 찾을 수 없었다. 만약 우주에 중심이 없다면 가장 기본적인 물리 법칙이 무너져 버리게 된다. 이것을 과학적으로 어떻게 설명해야 할까? 참으로 답답한 노릇이 아닐 수 없다.

그러면 왜 물리적인 우주에 중심이 없는 것일까? 이 부분을 알기 위해서는 먼저 속도라는 문제에 관해 생각해봐야 한다. 우리가 살고 있는 지구는 우주 속을 얼마나 빠른 속도로 움직이고 있을까? 지구는 태양계 안에서 굉장히 빠른 속도로 자전과 공전(음속의 약 90배)을 계속하고 있으며, 태양계 또한 태양계가 속해 있는 은하계 안에서 굉장히 빠른 속도로 자전과 공전을 계속하고 있다.

은하계의 공전 속도는 시속 90만 킬로미터로 허큘레스 별자리를 향한 항진 속도는 시속 7만2천 킬로미터이다. 이 모든 속도를 합산하면 우주 속에서 달리는 지구의 속도는 음속의 1,100배로 가히 상상을 초월하는 속도이다. 이렇게 엄청난 속도로 달리는 지구 위에서 멀미를 하지 않고 편안히 살아간다는 것은 참으로 놀라운 일이 아닌가!

우주의 수많은 별들이 이처럼 아주 빠른 속도로 자전과 공전을 하면서 유한한 공간 속에서 움직인다면 무게 중심fixed mass center은 존재할 수 없다. 다시 말하면 별들이 워낙 빠르게 운동하기 때문에 순간순간 무게 중심이 이동을 하여 고정된 무게 중심이 존재할 수 없는 것이다.

우리가 속해 있는 태양계에서 가장 가까운 별 프록시마까지의 거리는 4.22광년이다. 우리 은하의 크기는 지름이 10만 광년, 두께가 1,000광년으로, 달이 지구를 돌고(24시간), 지구가 태양을 돌고

(365일), 태양은 1000억 개가 넘는 별들과 함께 우리 은하의 중심을 2억 년에 한 번 공전을 한다.

그런데 정말 놀라운 것은 '왜 우주에는 중심이 없을까?'라는 의문에 대한 대답이 2,000년 전에 기록된 성경에 있다는 사실이다.

> "주도 한 분이시요 믿음도 하나요 침례도 하나요 하나님도 한 분이시니 곧 만유의 아버지시라 만유 위에 계시고 만유를 통일하시고 만유 가운데 계시도다"(엡 4:5~6).

내가 천문학 하는 친구들에게 당신이 찾지 못한 우주의 중심을 내가 찾아주겠다고 하면서 알려준 것이 바로 창조주 하나님이었다. 하나님은 말씀의 능력으로 아무런 끈도 없이 우주의 중심에서 만물을 붙드시고 우주를 운행하고 있다. 그뿐인가? 우주 위에서 만유를 통일하고 있다. 다시 말하면 무한한 하나님이 유한한 우주를 그 가슴에 품고 있는 것이다. 그러니 하나님의 품 안에 있는 인간이 하나님을 볼 수 없는 것은 당연한 일이다. 만약 누가 하나님을 조금이라도 보았다고 한다면 그것은 완전히 거짓말이다.

무한의 진정한 의미

누가 내게 하나님을 믿는 이유가 무엇이냐고 묻는다면 나는 "하나님은 보이지 않기invisible 때문"이라고 말할 것이다. 생각해보라. 우리 삶에는 비록 보이지 않지만 정말 소중한 것들이 얼마나 많은가! 사랑, 시간, 공기 등등. 이 모든 것들은 그것이 없다면 우리가 삶을 유지할 수 없지만 우리 눈에는 전혀 보이지 않는다.

결국 인간이 생각할 수 있는 '무한'이란 무엇인가? 물리학자들은 이 개념을 물리적으로 실증할 수 없기 때문에 몹시 싫어하지만, 무한 개념은 인간이 던지는 모든 근본적인 질문의 중심에 서 있다. 그리고 인간이 이처럼 무한에 대해 생각하는 것은 아마도 '영혼을 사모하는 마음'을 가졌기 때문이 아닐까 싶다.

무한의 개념은 수학자의 머리에서 꽃을 피웠다. 무한의 개념이 없으면 수학 자체가 존재할 수 없다. 현대과학을 이끌어 온 가장 중요한 수학은 뉴턴이 개발한 미분과 적분인데, 이것이 바로 무한의 개념을 바탕으로 한 것이다. 미분한 것을 무한히 쌓으면 적분이 되고, 적분된 것을 무한히 나누면 미분이 된다. 그래서 다양한 형태의 면적을 구하는데 있어 미분과 적분은 없어서는 안 되는 중요한 개념이다.

모든 자연법칙은 운동의 법칙으로, 거리를 시간으로 한 번 미분하면 속도가 되고 두 번 미분하면 가속도가 된다. "우리의 삶도 미분과 적분"이라고 하는 이유는 우리가 사는 미분의 찰나를 모두 모아 적분한 것이 바로 우리의 일생이기 때문이다.

무한을 알고 이용하는 수학이라는 학문이 있기에 우리가 우주의 신비를 좇고 무한한 하나님과 소통할 수 있는 것이 아닐까 생각한다. 아울러 무한 개념 보다 더 수학자들을 괴롭혔던 영zero이라는 숫자는 무nothing나 무한infinite과 같이 고도의 추상적 사고력이 낳은 산물이다. 이 영zero 역시 무, 그리고 무한과 함께 존재의 참다운 의미를 파악하는 열쇠이다.

"그는 보이지 아니하는 하나님의 형상이시요 모든 피조물보다 먼저 나신 이시니"(골 1:15).

인류의 미래사, 성경

• • •

성경은 인류의 미래사를 시간을 빼고 기록한 것이다. 역사를 의미하는 단어 'History'는 HIS + story, 곧 하나님의 이야기라는 뜻으로,

성경=인류의 미래사 — 시간

으로 정의하고 싶다. 일반적으로 역사는 과거를 기록한 것이지만 성경은 인류의 미래사를 기록한 것이다. 다만 '시간을 빼고 기록한 미래사'이기 때문에 우리가 이해하기는 어렵다. 많은 역사적, 과학적 사실들이 먼저 성경에 기록되고 한참 후에 이루어지거나 밝혀진 것들이 많기 때문이다. 성경은 기록이 생명이다. 태초에 하나님과 함께 한 생명의 말씀은 곧 하나님이시라 했다. (요 1:1)

"주 여호와께서는 자기의 비밀을
그 종 선지자들에게 보이지 아니하시고는
결코 행하심이 없으시리라"(암 3:7).

많은 사람들이 궁금해 하는 것은 하나님의 말씀이 어떻게 기록되었느냐 하는 점이다. 인간의 손에 의해 기록된 것이 성경이라면, 신과 인간이 어떤 방법으로 의사소통을 해서 신의 뜻이 인간에게 전달되었느냐 하는 것이 궁금한 것이다.

> "너희는 여호와Lord의 책에서 찾아 읽어보라. 이것들 가운데서 빠진 것이 하나도 없고 제 짝이 없는 것이 없으니 이는 여호와의 입His mouth이 이를 명령하셨고 그의 영His spirit이 이것들을 모으셨음이라"(사 34:16).

우주의 기본질서는 짝으로 되어 있다. 빛과 어둠, 물질과 반물질, 양자와 전자, 물질과 에너지, 플러스(+)와 마이너스(-), 대칭과 비대칭, 밤과 낮, 물질계는 이처럼 서로 다르면서도 보완 관계에 있는 짝들로 균형을 이루고 있다. 생물계 역시 남과 여, 수컷과 암컷으로 짝을 이루어 자연의 질서를 유지하고 있다. 그리고 인간의 마음속에 선과 악이 공존하는 이유도 어쩌면 자연의 질서인지 모른다.

모든 물질은 아무리 얇게 베어도 양면성이 항상 존재한다. 성경도 마찬가지다. 구약과 신약을 통해 주신 계명이 '하지 말라는 계명'과 '하라는 계명'으로 서로 다르지만 결코 분리할 수 없는 말씀이다. 예수님을 중심으로 구약과 신약의 말씀들이 서로 짝을 이루어 성경을 완성했다고 할 수 있다. 인간은 양면성을 구별하고 조절하는 지혜를 하나님으로부터 받았기에 선악을 구별하는 독특한 능력을 가지게 되었다.

어쨌든, 옛날 사람들은 하나님의 말씀을 기록하면서 얼마나 답답했을까 하는 생각이 든다. 왜냐하면 그들은 미래학자도, 과학자도 아니었기에 자신이 기록하는 내용을 전혀 모르면서 그냥 기록할 수밖에 없었다. 하지만 이렇게 기록된 성경이 아직도 빛을 잃지 않고 살아있는 것은 시간이 흐르면서 기록된 말씀이 하나씩 역사와 과학을 통해서 밝혀지기 때문이다. 이는 시간과 관계없이 말씀이 가지고 있는 살아있는 생명력 때문이다.

하지만 성경이 인류의 과거사만 기록했다면 무슨 의미가 있겠는가? 성경의 진정한 목적은 인류의 미래에 대한 하나님의 경고와 인간이 반드시 해야 할 일을 기록하였기에 생명력과 의미가 있다는 것을 명심해야 한다.

하나님이 유대민족을 택한 이유

하나님은 많은 생명을 창조하시고 특별히 인간에게는 시간 개념과 문자와 숫자를 사용할 수 있는 특별한 지혜를 주셨다. 그런 하나님이 자신의 존재를 인간에게 알릴 수 있는 방법은 무엇이었을까? 식물이나 동물을 통해서, 혹은 직접 모든 인간에게 자신의 존재를 알릴 수는 없었을 것이다.

> "너는 여호와 네 하나님의 성민holy people이라 네 하나님 여호와께서 지상 만민 중에서 너를 자기 기업의 백성으로 택chosen people하셨나니 여호와께서 너희를 기뻐하시고 너희를 택하심은 너희가 다른 민족보다 수효가 많기 때문이 아니라 너희는 오히려 모든 민족 중에 가장 적으니라"(신 7:6~7).

하나님은 지구상에서 가장 인구가 적은 이스라엘 민족을 택하고, 그 민족이 고난을 극복하며 살아가는 역사를 통해 자신의 존재를 드러내고자 했다. 만일 하나님이 존재하고 성경의 기록들이 사실이라면 앞으로 이스라엘은 어떤 고난 속에서도 망하지 않고 여러 민족 위에 우뚝 설 것이다.

어떤 사람이 성경학자에게 하나님의 존재를 보여 달라고 하자 성경학자는 "Look at Jews!"(이스라엘 민족이 살아가는 모습을 보라)고 했다고 한다. 이는 지금까지 고난 속에서 살아온 이스라엘의 역사를 보면 그들과 함께 한 하나님의 모습을 볼 수 있다는 의미이다.

유대인들은 "돈으로 돈을 버는 것이 아니라 시간으로 돈을 번다"고 말할 만큼 시간 개념에 철저한 민족이다. 이자의 복리 개념은 유대인이 '가문의 비밀'로 전승할 만큼 중요한 것으로, 천재 물리학자 아인슈타인 박사도 "복리 계산이야말로 인간의 가장 위대한 수학적 발견"이라고 극찬할만큼 놀라운 생각이다. 심지어 아인슈타인은 이것을 세계 여덟 번째의 불가사의라며 경이로움을 표하기까지 했다고 한다.

복리 개념은 복리 수익률로 원금의 두 배를 벌 수 있는 기간을 쉽게 계산하는 72법칙이다. 다시 말해 72를 복리 수익률로 나눌 때의 수가 원금의 두 배가 되는 해가 된다는 것이다. 예를 들면 복리 수익률이 6퍼센트라고 하면 72/6은 12년으로, 12년 후에 원금의 두 배가 된다. 이러한 유대 민족의 수학적 두뇌를 당할 수가 없다. 이런 지혜는 유랑과 핍박의 긴 역사 속에서 유대 민족이 살아남을 수 있도록 하나님이 배려해 준 것이라면 과장된 표현일까?

이 시대에 이스라엘이 강소국으로 우뚝 선 이유는 무엇일까? 내 생각에는 2,000여 년 동안 전 세계를 방랑하면서 지구상의 모든 문화를 경험한 이 민족이 예루살렘에 있는 통곡의 벽을 통해 정보를 교환하고, 또 국가를 회복한 후에는 고국으로 돌아와 과학기술과 세계 문화를 융합한 결과라고 본다.

기록된 말씀이 곧 생명

인간이 기록한 역사는 과연 얼마나 정확할까? 내가 살아온 70여 년 동안에 체험하고 보고 느낀 것은 기록된 역사가 얼마나 많이 왜

곡되고 표절되었는가 하는 것이다. 특히 전쟁사나 영토 분쟁과 관련된 기록들을 보면, 인간의 역사는 사실 그대로 기록되지 않고 힘의 논리에 따라 왜곡되고 굴절된다는 것을 우리가 살아오고 체험한 근대사를 통해 얼마든지 보고 있지 않은가?

이러한 역사의 허구성에 대해 두 가지 예를 들어보자.

영국 엘리자베스 왕조 때의 모험가이자 감자의 전래자로 알려져 있는 월터 롤리 경은 유서로 세계사를 두 권 썼는데 그 중 제1권만이 남아 있다. 그 이유는 무엇일까? 그가 단두대의 이슬로 사라지기 전, 런던탑의 옥중에서 제2권을 집필하고 있는데 하루는 바로 창 밑에서 싸움이 벌어졌다.

다음날 그는 그 장소에 있었던 몇 사람을 만나 사건의 과정을 물어 보았다. 그랬더니 사람마다 다 다르게 이야기하는 것이 아닌가! 그는 여기서 생각했다. 자기 눈으로 직접 본 사건을 이야기하는 것도 이렇게 저마다 다른데 하물며 지나간 옛날 일을 어떻게 알고 있다고 할 것인가? 절망한 그는 결국 써놓은 나머지 원고들을 모두 불태워버려 결국 제2권은 세상의 빛을 보지 못했다고 한다.

또 다른 예는 1982년 5월 17일 모 일간지에 실린 영국 월터 리프만의 글이다. 월터 리프만은 한때 타임지에 논설을 썼던 저명한 저술가로, 그의 글은 사람들이 얼마나 정확하게 사실을 기록할 수 있느냐 하는 것을 놓고 실험한 결과이다.

"어느 날 심리학회장에 돌연 낯선 남자가 공포에 질린 얼굴로 쫓기듯 뛰어 들어왔다. 뒤따라 또 한 명이 손에 권총을 들고 쫓아 들어와 둘 사이에 일대 격투가 벌어졌다. 권총이 난사되고 서로 얽혀 싸워 뒹굴던 끝에 두 사나이가 회의장 밖으로 사라졌다. 사건이 벌어진 시간은 불과 20초, 물론 장내의 참석자들은 모두 넋을 잃고 멍하니 서 있었지만 이 사건은 사실 주최 측에서 꾸민 연극이었다. 곧 회의 참석자 모두에게 사건을 본대로 기록하도록 했다. 그런데 놀랍게도 응답자 40명 중 가장 중요한 대목을 틀리게 기술한 사람의 숫자가 엄청났다. 사실과의 차이가 20퍼센트 이하는 단 한 명이었고, 25~40퍼센트는 14명, 40~50퍼센트는 12명, 나머지 14명은 그 이상이었다. 더욱 놀라운 것은 사실과 달리 내용을 날조한 사람도 40명 중 34명이나 되었다"

이렇듯 바로 눈앞에서 벌어진 일을 기술하는데도 엄청난 왜곡이 벌어진다. 그런데 수천 년 전에 기록된, 당시의 사람들은 전혀 경험하지도 못한 성경 속의 미래사가 수천 년이 지난 후에 현재의 사실과 정확히 맞아떨어진다면 이를 어떻게 이해하고 해석해야 할까? 앞으로 성경 속의 과학 이야기를 많이 하겠지만, 우선은 기록의 중요성을 두 가지만 찾아보겠다.

첫째는 예수님의 족보이다.

"아브라함과 다윗의 자손 예수 그리스도의 계보라

아브라함이 이삭을 낳고 이삭은 야곱을 낳고

야곱은 유다와 그의 형제들을 낳고

유다는 다말에게서 베레스와 세라를 낳고 베레스는 헤스론을 낳고

헤스론은 람을 낳고

람은 아미나답을 낳고 아미나답은 나손을 낳고 나손은 살몬을 낳고

살몬은 라합에게서 보아스를 낳고 보아스는 룻에게서 오벳을 낳고

오벳은 이새를 낳고

이새는 다윗 왕을 낳으니라 다윗은 우리야의 아내에게서 솔로몬을 낳고

솔로몬은 르호보암을 낳고 르호보암은 아비야를 낳고

아비야는 아사를 낳고

아사는 여호사밧을 낳고 여호사밧은 요람을 낳고 요람은 웃시야를 낳고

웃시야는 요담을 낳고 요담은 아하스를 낳고 아하스는 히스기야를 낳고

히스기야는 므낫세를 낳고 므낫세는 아몬을 낳고 아몬은 요시야를 낳고

바벨론으로 사로잡혀 갈 때에 요시야는 여고냐와 그의 형제들을 낳으니라

바벨론으로 사로잡혀 간 후에 여고냐는 스알디엘을 낳고

스알디엘은 스룹바벨을 낳고

스룹바벨은 아비훗을 낳고 아비훗은 엘리아김을 낳고

엘리아김은 아소르를 낳고

아소르는 사독을 낳고 사독은 아킴을 낳고 아킴은 엘리웃을 낳고
엘리웃은 엘르아살을 낳고 엘르아살은 맛단을 낳고 맛단은 야곱을 낳고
야곱은 마리아의 남편 요셉을 낳았으니
마리아에게서 그리스도라 칭하는 예수가 나시니라"(마 1:1~16).

어떤 사람은 길게 나열된 예수님의 족보를 보고 거부감을 느끼는데, 나는 예수님의 족보를 읽으면서 기록의 중요성을 깨닫게 되었다. 한번 상상해 보자. 만일 아무런 족보나 기록도 없는데 어느 날 예수님이 하늘이든 땅이든 간에 갑자기 나타나 내가 하나님의 아들이니 나를 믿으라고 한다면 어떤 반응이 나올까? 아마도 이성적이고 합리적인 사고를 가진 사람들, 특히 과학자들은 단 한 사람도 믿지 않을 것이다. 남녀가 만나 결혼을 할 때 상대방의 부모형제를 보고 가문을 보는 이유가 무엇이겠는가! 하물며 하나님을 믿고 섬기는데 아무런 근거나 확신 없이 믿을 수는 없는 일이 아니겠는가?

"그 때에 예수께서 성령Spirit에게 이끌리어 마귀devil에게 시험을 받으러 광야로 가사
사십 일을 밤낮으로 금식하신 후에 주리신지라.
시험하는 자가 예수께 나아와서 이르되 네가 만일 하나님의 아들이어든 명하여 이 돌들로 떡덩이가 되게 하라.

예수께서 대답하여 이르시되 기록되었으되It was written 사람이 떡으로만 살 것이 아니요 하나님의 입으로부터 나오는 모든 말씀으로 살 것이라 하였느니라 하시니.
이에 마귀가 예수를 거룩한 성으로 데려다가 성전 꼭대기에 세우고
이르되 네가 만일 하나님의 아들이어든 뛰어내리라 기록되었으되 그가 너를 위하여 그의 사자들을 명하시리니 그들이 손으로 너를 받들어 발이 돌에 부딪치지 않게 하리로다 하였느니라.
예수께서 이르시되 또 기록되었으되 주 너의 하나님을 시험하지 말라 하였느니라 하시니
마귀가 또 그를 데리고 지극히 높은 산으로 가서 천하 만국과 그 영광을 보여 이르되 만일 내게 엎드려 경배하면 이 모든 것을 네게 주리라.
이에 예수께서 말씀하시되 사탄아 물러가라 기록되었으되 주 너의 하나님께 경배하고 다만 그를 섬기라 하였느니라.
이에 마귀는 예수를 떠나고 천사들이 나아와서 수종드니라"(마 4:1~11).

40일을 굶주린 예수님이 마귀의 시험을 받을 때 자신의 의견이나 생각으로 대답하지 않고 "기록되었으되"It was written 하면서 구약에 기록된 말씀으로만 마귀를 물리치는 장면을 상상하면 참으로 멋있고 통쾌하다. 만일 예수께서 구약의 말씀이 아니고 자신의 생각으로 대답을 했다면 아마도 마귀는 그냥 물러나지 않았을 것이다. 성경은 살아있는 생명의 말씀이기에 마귀도 한마디 대꾸조

차 못한 채 물러난 것이 아닐까? 마귀가 겉으로는 하나님의 존재를 부정하지만 실은 하나님을 알고 있었고 두려워 했기에 스스로 물러난 것이 아니겠는가!

생명의 신비

. . .

생명은 그 자체로 신비이다. 하지만 살아 숨 쉬고 생각하며 활동하는 생명체의 아름다움과 신비성은 생명체에 투입된 원자에 있는 것이 아니라 그 원자들이 어느 곳에서 어떤 방법으로 투입되었는가에 있다.

한 예를 들어 보겠다. 70킬로그램의 체중을 가지고 있는 나는 산소 45킬로그램, 탄소 15킬로그램, 수소 6킬로그램, 질소 2킬로그램, 인 1킬로그램, 철 2.8그램 등으로 이루어져 있다. 또한 나트륨을 비롯해 소량의 17가지 원자가 함께 결합되어 있다. 그렇다면 이 재료들을 어떻게 조합되어서 먹고 숨 쉬고 생각하는 내가 탄생되었을까? 분명한 것은 구성된 요소들은 단순한 화학적 물질들이라는 것이다.

여기서 중요한 것은 나라는 70킬로그램짜리 존재를 이루는 구성 성분들은 단순히 혼합된 무질서이지만 그 결과물은 질서정연한 생명체라는 것이다. 어떻게 무질서한 화학 성분들이 결합되어 질서 있는 생명체를 구성하게 되었을까? 그 요소들이 결합된 방식은 과연 무엇이며 누가 이렇게 결합을 시켰을까? 생태학자 에드워드 데비Edward Deevey 2세는 생명체를 이루고 있는 기본 원소를 다음과 같은 화학 분자식으로 재미있게 표시했다.

$H_{2960} \ O_{1480} \ C_{1480} \ N_{16} \ P_{18} \ S_1 \ H_{29}$

하지만 이렇게 내 몸을 이루고 있는 24가지 원자들을 적당한 비율로 섞어 얼마나 오랫동안 두면 내가 탄생할 수 있을까? 확실한 것은 아무리 긴 세월이 흘러도 나는 탄생하지 않을 것이라는 것이다. 신비한 생명의 탄생은 오직 전지전능한 존재에 의해서만 가능한 것이다.

오늘날 나노과학nano-technology과 생명공학이 생명의 신비를 풀려고 노력하고 있다. 나노는 10억분의 1인 극미의 세계로 원자 크기의 세계이다. 그래서 나노 크기는 생물과 무생물의 경계에 서 있다고 할 수 있다. 나노의 한쪽에는 원소들이 무질서하게 존재하고, 다른 한쪽에는 어떤 힘에 의해 이것들이 질서를 찾아 화합물을 만들고 궁극적으로는 생명을 탄생시킨다. 이 '어떤 힘'은 어디로부터, 누구에게서 오는 것일까?

"여호와 하나님이 땅의 흙으로 사람을 지으시고 생기를 그 코에 불어넣으시니 사람이 생령이 되니라"(창 2:7).

흙으로 빚어 만든 사람이 살아갈 터전은 어디인가? 흙으로 빚었기에 지구라는 흙 위에서 살아가야 한다.

"하나님이 자기 형상 곧 하나님의 형상대로 사람을 창조하시되 남자와 여자를 창조하시고 하나님이 그들에게 복을 주시며 하나님이 그들에게 이르시되 생육하고 번성하여 땅에 충만하라, 땅을 정복하라, 바다의 물고기와 하늘의 새와 땅에 움직이는 모든 생물을 다스리라 하시니라"(창 1:27~28).

그럼 이렇게 창조된 생명체들이 살아가야 할 지구는 어떤 모습인가? 지구가 자전과 공전을 계속하고 있는 우주에는 무서운 속도로 움직이는 수많은(1,000억 개 이상의 은하) 은하들이 있다. 지금도 끝없이 팽창을 계속하고 있는 우주는 무한히 어둡고 차가운 공간으로 지금 이 순간에도 초신성의 폭발로 수많은 별들이 새롭게 탄생하고 적색 거성이 된 수많은 별들이 그 긴 생을 마감하고 있다.

이렇게 거대한 우주의 한 구석에 보잘 것 없이 있는 작은 행성이 바로 지구이다. 이곳에는 약간의 물과 기름, 그리고 적절한 양의 탄소, 수소, 질소, 산소가 섞여 있고 생명체가 살 수 있는 온화한 기후가 있다. 그 어느 곳에서도 자신의 이웃을 찾아 볼 수 없는 외로운 지구, 그러나 신비하고 놀라운 것은 지구의 물리학과 화학과 생물학과 우주론의 법칙 같은 존재의 규칙들이 우리 생명체에 딱 맞게 조절한 것처럼 한 치의 오차도 없이 정확히 맞아 들어간다는 사실이다.

동식물을 포함해서 인류 생존의 가장 중요한 조건은 물이다. 지구상에서 '생명의 연출자' 역할을 하는 물water은 세 가지 상phase, 즉 액체(물), 고체(얼음, 눈), 기체(수증기, 안개, 구름)로 공존하고 동시에 쉽게 순환이 되는 온도 조건을 갖추고 있다.

"대저 여호와께서 이같이 말씀하시되 하늘을 창조하신 이 그는 하나님이시니 그가 땅을 지으시고 그것을 만드셨으며 그것을 견고하게 하시되 혼돈하게 창조하지 아니하시고 사람이 거주하게 그것을 지으셨으니 나는 여호와라 나 외에 다른 이가 없느니라"(사 45:18).

땅을 견고케 하신 물리적 데이터

오늘날은 아주 먼 거리에 있는 별도 그것의 궤도와 속도, 중력을 이용해서 그 무게를 쉽게 측정할 수 있다. 가까이 있는 태양이나 태양계 안에 있는 별들의 무게를 측정하고 밀도를 계산하는 것은 아주 쉬운 일이다. 태양계에 속해 있는 목성, 토성, 천왕성, 해왕성의 밀도는 겨우 $1^{-1.3}$이고, 화성은 3.9, 금성과 수성은 각각 5.4와 5.2인데 지구의 밀도는 5.5로 가장 크다.

행성별 밀도

	(단위 : g/cm²)
지구	5.5
목성·토성·천왕성·해왕성	1~1.3
화성	3.9
금성	5.4
수성	5.2

    지구와 생성 과정이 비슷하다고 해서 지구의 쌍둥이 별이라고 불리는 금성Venus과 천왕성Uranus은 놀랍게도 지구와는 반대 방향으로 자전을 한다. 태양계 안의 8개 별 중에서 안쪽에서 두 번째인 금성과 바깥쪽에서 두 번째인 천왕성이 지구와 반대 방향으로 자전을 한다니 생각할수록 신기한 일이 아닌가.

> "땅과 거기에 충만한 것과 세계와 그 가운데에 사는 자들은 다 여호와의 것이로다. 여호와께서 그 터를 바다 위에 세우심이여 강들 위에 건설하셨도다"(시 24:1~2).

    여호와는 땅의 기초도 세우시고(욥 38:4, 시 104:5), 인간과 모든 생물이 살아갈 수 있도록 땅을 바다와 강 위에 세우셨다. 실제로 지구상에 있는 물은 지구 전체 무게의 4,000분의 1밖에 안되지만, 지구 표면의 71퍼센트를 덮고 있다. 이렇게 지구 위에 넓게 펼쳐져 있는 물은 태양열과 빛을 흡수하여 밤과 낮의 기온을 조절하는 아주 중요한 역할을 한다.

신기한 것은 지구 표면과 비슷하게 우리의 몸도 약 70퍼센트가 수분이라는 것이다. 인체 내에서 물의 균형이 깨지면 병이 들듯이, 바다의 면적이 지금보다 10퍼센트만 증가하거나 혹은 감소하면 태양열의 흡수가 너무 많거나 너무 적어져서 지구의 경작지가 훨씬 줄어들 뿐만 아니라 엄청난 기후 변화로 지금보다 훨씬 살기 힘든 지구가 될 것이라 한다.

또 지구 무게의 백만분의 1 밖에 안 되는 대기(질소, 산소, 탄산가스, 수증기 등)도 태양열을 흡수 또는 반사하여 기후 변화를 조절한다. 그러므로 대기 중의 성분비에 따라 기후 변화가 크게 일어나는 것은 당연한 일이다. 현재 우리가 겪고 있는 기후 변화의 주범은 태양빛 중의 적외선을 많이 흡수 할 수 있는 탄산가스 CO_2가 많아졌기 때문이다.

하나님이 빛으로 우주를 창조하다

자, 이번에는 땅 속으로 들어가 보자.

우선 지열terrestrial heat의 분포를 보면 지표에서 내려갈수록 1킬로미터 당 평균 14도 정도 온도가 증가한다. 그래서 300킬로미터 근처에서는 약 4,000도가 된다. 이 지점부터 지구의 중심부 7,000킬로미터까지는 거의 일정하게 3,000~4,000도로 유지되고 있다.

지열의 근원은 약 80퍼센트가 땅속에 있는 우라늄(U-235, U-238), 토륨(Th-232), 칼륨(K-40) 같은 방사성 동위 원소의 붕괴에서 나오는 열이고, 나머지 20퍼센트는 지구가 처음 탄생할 때 기체 상태(창 1:1~2)에서 고체 상태(사 45:18)로 변하면서 발생한 열과, 지구가 단단히 고체화되면서 생긴 중력 수축에 의한 열(중력→열), 지구 내부의 여러 가지 화학반응 및 여러 물질의 이동에 의한(지각운동, 대륙이동) 마찰열에 등에 의해서 생기는 열이다.

특히 지구 표면에서 300킬로미터까지 온도의 증가가 심한 것은 지열의 근원이 되는 방사성 동위원소들(우라늄, 토리움 칼륨)이 모두 이 사이에 존재하기 때문이다. 그러나 실제로 지구 내부에서 지구 표면으로 전달되는 지열은 아주 적어서 일년에 6밀리미터 정도 두께의 얼음을 녹일 정도에 불과하다. 참고로 태양열에 의해서 전달되는 열은 이것의 3,000배로 일년에 약 18미터 두께의 얼음을 녹일 수 있다. 신비한 것은 이렇게 적은 양의 지열이 없으면 땅속에 뿌리를 박고 사는 식물은 그 생존이 불가능하다는 것이다. 시베리아의 동토permafrost에서 식물이 전혀 자라지 못하는 것은 땅속에 얼음층이 있어서 지열이 전달되지 않기 때문이다.

"음식은 땅으로부터 나오나 그 밑은 불처럼 변하였도다"(욥 28:5)

   만물을 붙드는 힘인 중력이 극히 작은 힘이지만 궁극적으로는 온 만물을 붙들고 있듯이, 이렇게 작은 지열 없이는 땅에서 식물이 자랄 수 없다니 하나님이 하시는 일을 인간이 모두 이해하기는 참으로 어렵다는 생각이 든다. 모든 생명은 흙으로 지음을 받았고 결국 흙으로 돌아가기에 흙을 '생명의 태반'이라고도 한다.

제2장
과학의 눈으로
성경을 읽다

멋쟁이 하나님과
외로운 지구

• • •

1981년 미국 미시간대학의 커시너Robert Kirshner 박사와 예일대학의 옴러Augustus Oemler Jr. 박사 등 세계적으로 유명한 다섯 명의 천문학자들의 연구 결과가 다른 과학자들과 성경학자들을 깜짝 놀라게 했다. 이들의 연구 결과는 미국 화학회에서 발간하는 소식지 『케미컬 엔지니어링 뉴스』Chemical Engineering News 10월 19일 호에 실렸다. 그 내용은 북극성 주변의 방대한 지역에 2,000여개의 은하수를 넣을 수 있을 만큼 큰 텅 빈 지역이 있다는 것이었다.

우리가 대단히 크다고 생각하는 태양에서 천왕성까지의 평균 거리는 29억 킬로미터, 태양에서 해왕성까지의 거리는 46억 킬로미터이다. 명왕성은 최근 태양계에서 퇴출되었다. 태양계는 사실 우리가 살고 있는 지구를 포함해서 모두 8개의 별로 구성된 아주 작은 계system이다. 하지만 렌즈 모양을 한 은하는 적어도 2천억 개 이상의 별을 포함하는 거대한 별들의 집합체이다. 지구는 이 거대한 우리 은하의 가장자리에 자리 잡고 있다.

그런데 이렇게 거대한 은하수 약 2천여 개가 들어갈 수 있는 넓은 공간이 거의 텅 빈 채로 북극성 주변에 존재한다는 사실은 대단히 놀라운 일이다. 우주 공간에서 별들의 밀집도population density of stars가 평균 밀집도의 3분의 1 정도밖에 되지 않는 것도 흔치 않은 일인데, 이 지역은 평균 밀집도의 10분의 1 미만이라는 것이다.

"그는 북쪽을 허공에 펴시며He stretches out the north ever empty place 땅을 아무것도 없는 곳에 매다시며 물을 빽빽한 구름에 싸시나 그 밑의 구름이 찢어지지 아니하느니라"(욥 26:7~8).

천문학자들은 최근까지도 이러한 사실을 상상조차 하지 못했다. 그런데 그러한 사실이 과학기술이 고도로 발달한 오늘날에 와서야 비로소 발견된 것은 우리에게 어떤 교훈을 주는 것일까? 수천 년 전에 기록된 성경 말씀이 오늘날 과학자들에 의해 그 신비의 베일이 하나씩 하나씩 풀려 가는 것을 보면서 새삼스럽게 살아계신 하나님을 보는 것 같아 이 시대에 태어난 것이 참으로 다행이라는 생각이 든다.

만약 내가 100년 전에 태어났다면 나는 아마도 살아계신 하나님을 모르고 살았을 것이고 그것은 참으로 불행한 일이었을 것이다. 과학적 사실과 근거를 통해 살아계신 하나님의 존재를 확인할 수 있게 된 것은 참으로 다행스러운 일이다. 성경에서 'StretchES'라고 현재격ES을 사용한 것은 우주가 지금도 역동적으로 움직이면서 팽창을 계속하고 있기 때문이라고 생각한다.

하나님은 멋쟁이

하나님은 왜 멋쟁이handsome God일까? 그것은 이 거대한 우주를 창조하신 통 큰 하나님이고, 연약한 인간에게 시간 개념과 문자와 숫자를 주시고, 그것들을 사용할 줄 아는 지혜를 주셔서 그분을 더듬어 찾아갈 수 있도록 만들어 주신 분이기에 감히 "멋쟁이"라고 부르고 싶다.

"그는 보이지 아니하는 하나님의 형상이시오"(골 1:15).

과학자였기에 그동안 나는 많은 사람들로부터 이런 질문을 받았다.

"당신은 하나님을 믿습니까? 어떻게 하나님을 믿을 수 있습니까? 하나님이 존재하는 것을 증명할 수 있습니까?"

그럴 때마다 나는 이렇게 대답한다.

"성경에 기록되었듯이, 나는 하나님이 보이지 않기 때문에 믿습니다."

그러면서 나는 상대방에게 다시 질문한다.

"당신은 하나님이 존재하지 않는다는 것을 어떻게 증명할 수 있습니까?"

"어리석은 자는 그의 마음에 이르기를 하나님이 없다 하는도다"(시 14:1).

만일 우주를 창조한 하나님이 우리에게 보이는 존재라면 그 모습을 보고 우리는 어떤 평가를 내릴지 참으로 궁금하다. 아마도 사람들은 우리가 사용하는 언어 중에서 아름다움과 추한 것을 표현할 수 있는 모든 형용사를 동원해서 하나님을 묘사하리라 생각한다.

어쨌든, 내가 하나님을 멋쟁이라고 표현하는 데는 몇 가지 이유가 있다.

첫째, 하나님이 보이지 않기 때문이다(딤전 1:17, 히 11:27).

"오직 그에게만 죽지 아니함이 있고 가까이 가지 못할 빛에 거하시고 어떤 사람도 보지 못하였고 또 볼 수 없는 이시니 그에게 존귀와 영원한 권능을 돌릴지어다"(딤전 6:16).

"본래 하나님을 본 사람이 없으되 아버지 품 속에 있는 독생하신 하나님이 나타내셨느니라"(요 1:18).

하나님이 보이지 않는다는 것은 무한한 크기의 창조자 하나님이 유한한 우주를 창조하셨다는 의미가 된다. (골 1:17)

"하나님도 한 분이시니 곧 만유의 아버지시라. 만유 위에 계시고 만유를 통일하시고 만유 가운데 계시도다"(엡 4:6).

둘째, 하나님은 태초에 계신 '말씀'Word이라는 것이다.

"태초에 말씀이 계시니라. 이 말씀이 하나님과 함께 계셨으니 이 말씀은 곧 하나님이시니라. 그가 태초에 하나님과 함께 계셨고"(요 1:1~2).

'말씀'은 그 자체는 무형이지만 보이지 않으면서도 모든 것을 기술할 수 있고, 표현하고 전달할 수 있는 유일한 수단이다. 사람이 사용하는 언어가 그 사람의 인격을 평가하는 척도가 되는 것도 말의 중요성을 인정하기 때문이다. 특히 우주 창조 초기의 말씀은 바로 고독한 여호와 자신의 모든 것이고 그분의 인격이라고 생각된다.

셋째, 하나님은 변하지 않는 분이라는 점이다.

"온갖 좋은 은사와 온전한 선물이 다 위로부터 빛들의 아버지께로부터 내

러오나니 그는 변함도 없으시고 회전하는 그림자도 없으시니라"(약 1:17).

하나님의 가장 위대한 창조물은 시간이라고 한다. 시간은 생명을 죽음으로 끌고 가는 가장 강력한 힘이다. 인간을 포함한 모든 생명체는 시간 아래에서 시간과 끊임없는 싸움을 하며 살아간다. 하지만 어떤 사람이 시간과의 싸움에서 승리할 수 있겠는가? 다만 하나님만이 시간 위에서, 시간을 마음대로 제어하면서 언제나 현재에 존재한다. 하나님이 시간을 제어할 능력이 없다면 과거를 모두 기억할 수도, 미래를 예측할 능력도 없어 성경은 기록되지 못했을 것이다.

"예수 그리스도는 어제나 오늘이나 영원토록 동일하시니라"(히 13:8).

현재라는 시간은 물리적 개념으로는 시간이 없는, 즉 t=0이다. 다시 말해 시간이 정지된 상태로 불변의 개념, 곧 썩지 않고 변치 않는다는 의미이다. 자연에 존재하는 모든 것은 그것이 유기물이든 무기물이든 시간에 따라 썩고 녹슬며 변화한다. 오직 하나님만이 유일하게 영원히 변치 않는다.

"영원하신 왕 곧 썩지 아니하고 보이지 아니하고 홀로 하나이신 하나님께 존귀와 영광이 영원무궁하도록 있을지어다"(딤전 1:17).

넷째, 하나님은 질투할(출 20:5, 수 24:19) 줄 알고, 사랑할(요일 4:7~8) 줄 아는 분이시기 때문이다.

"너는 다른 신에게 절하지 말라 여호와는 질투라 이름하는 질투의 하나님 임이니라"(출 34:14).
"하나님이 우리를 사랑하시는 사랑을 우리가 알고 믿었노니 하나님은 사랑이시라"(요일 4:16).

'질투의 하나님'은 오직 자신만을 경외하고 사랑하라는 '욕심쟁이 하나님'이다. 너무나 인간적인 하나님이 아니신가! 사람의 냄새가 나는 멋쟁이 하나님이 아니신가! 그토록 강렬한 사랑이 있었기에 독생자 예수님을 세상에 보내 우리를 위해 십자가에서 돌아가시게 하였다.

다섯째, 하나님은 식언치 아니하는 분이시기 때문이다.

"하나님은 사람이 아니시니 거짓말을 하지 않으시고 인생이 아니시니 후회가 없으시도다. 어찌 그 말씀하신 바를 행하지 않으시며 하신 말씀을 실행하지 않으시랴"(민 23:19).

과학의 발달로 현실과 가상의 경계가 무너져 버린 이 시대에는 서로의 약속 같은 것은 바보나 지키는 것이 되고 말았다. 이런 시대에 살면서 우리가 오직 성경만을 붙들고 하나님을 믿는 이유는 바로 질투도 할 줄 알고, 사랑도 할 줄 알면서도 결코 식언치 아니하는 인간적인 여호와의 확실한 약속이 있기 때문이다.

이 광대하고 영광과 존귀를 받으시기에 합당한 멋쟁이 하나님을 찬양한 노래가 떠오른다. 이 노래는 3천여 년 전 다윗 왕이 성령에 감동되어 불렀던 노래라고 한다.

"하늘이 하나님의 영광을 선포하고
궁창이 그의 손으로 하신 일을 나타내는도다.
날은 날에게 말하고 밤은 밤에게 지식을 전하니
언어도 없고 말씀도 없으며 들리는 소리도 없으나
그의 소리가 온 땅에 통하고 그의 말씀이 세상 끝까지 이르도다.
하나님이 해를 위하여 하늘에 장막을 베푸셨도다.
해는 그의 신방에서 나오는 신랑과 같고
그의 길을 달리기 기뻐하는 장사 같아서
하늘 이 끝에서 나와서 하늘 저 끝까지 운행함이여
그의 열기에서 피할 자가 없도다"(시 19:1~6).

보이지 않으시나 영원히 일하시는 하나님,
변함도 없고 회전하는 그림자도 없는 하나님,

한번 말씀하신 바를 영원히 잊지 않고 인생처럼 식언치 않으시며 약속을 성취하는 창조자 하나님,

그 위대하심을 나는 마음껏 찬양하고 싶은 충동을 자주 느낀다. 왜냐하면 그런 멋쟁이 하나님을 아는 것은 우리 인간이 누릴 수 있는 최고의 영광이기 때문이다.

우리는 이러한 멋쟁이 하나님을 과소평가하는 일이 많은데 이것만은 기억하자!

"우주와 그 가운데 있는 만물을 지으신 하나님께서는 천지의 주재시니 손으로 지은 전에 계시지 아니하시고 또 무엇이 부족한 것처럼 사람의 손으로 섬김을 받으시는 것이 아니니 이는 만민에게 생명과 호흡과 만물을 친히 주시는 이심이라"(행 17:24~25).

이 말씀은 교회의 권위에 근거한 하나님은 받아들일 수 없다는 뜻일 것이다.

창조주인 하나님의 위대성은,
인간을 한 번도 제물로
이용하지 않으셨고 (롬 5:8, 요 3:16)
단 한 번도
창조를 남용하지 않으셨다는 사실이다.

번개,
천연비료를 만들다

. . .

하나님은 왜 번개를 만드셨을까? 어렸을 때는 천둥 번개가 치고 비가 세차게 내리면 너무 무서워서 벌벌 떨던 기억이 있다. 하지만 하나님을 알고 성경을 통해 번개의 역할을 알고 난 후에는 인간에게 번개가 얼마나 중요한 것인지를 깨닫게 되었다.

사람들은 잘 모르지만, 번개는 지구상의 생명체가 살아가는데 가장 중요한 식량을 생산하는데 핵심적인 역할을 한다. 번개는 식물이 자라는데 가장 중요한 질소비료를 만드는 역할을 하는데, 그러한 사실을 알고부터는 그 무섭던 번개는 물론이고 천둥소리마저 아름답게 들리니 사람의 마음이란 참으로 이상하다.

비 오는 날 번개가 치면 30만 볼트의 고압 전류가 흐르게 되는데, 이때 공기 중의 질소와 산소가 화학반응을 일으켜 질소비료인 산화질소를 만든다. 이렇게 형성된 산화질소는 비에 녹아 빗물과 함께 땅속으로 스며들어 식물을 자라게 한다.

$N_2+O_2=NOx$ (질소비료)

"그가 물방울을 가늘게 하시며 빗방울이 증발하여 안개가 되게 하시도다. 그것이 구름에서 내려 많은 사람에게 쏟아지느니라. 겹겹이 쌓인 구름과 그의 장막의 우렛소리를 누가 능히 깨달으랴. 보라 그가 번갯불을 자기의 사면에 펼치시며 바다 밑까지 비치시고 이런 것들로 만민을 심판하시며 음식을 풍성fertilizer하게 주시느니라"(욥 36:27~31).

20세기 초만 해도 지구상의 인구는 16억 정도였다. 그것이 겨우 한 세기 동안 폭발적으로 늘어나 세계 인구는 이제 60억을 넘어 70억에 이르고 있다. 이러한 인구의 증가는 식량 생산과 비례하고 식량 생산은 비료의 생산에 비례한다.

1915년 독일의 노벨 화학상 수상자[1] 프리츠 하버Fritz Haber, 1868~1934 박사는 질소 비료 합성법을 개발했다.[2] 이로써 식량의 대량 생산이 가능하게 되었고 인구는 폭발적으로 증가하게 되었다. 질소비료는 인산^P 칼륨^{K}과 함께 식물 성장에 필수적인 성분인데, 지표에는 많지 않다. 공기 중에는 80퍼센트 가량이 질소^{N_2}지만 화

---

[1] 1918년 수상. 하지만 제1차 세계대전 당시 독가스 개발과 살포를 주도해 '독가스의 아버지'라고도 불린다.

[2] 공기 중의 질소와 수소로부터 암모니아를 합성하는 방법을 개발하여 질소비료 합성에 성공했다. 화학식은 NH_3.

학적으로 너무 안정적3이어서 식물이 직접 흡수할 수가 없다. 그렇다고 공기 중의 질소가 화학적으로 불안정한 상태라면 그 유독성 때문에 다른 생명체들이 살아남기 어려웠을 것이다. 우리가 살 수 있는 대기는 화학적으로 안정적인 질소가스가 80퍼센트는 되어야 한다.

연구 결과에 의하면, 대기 중의 산소가 1퍼센트만 증가해도 낙뢰에 의한 산불이 70퍼센트 이상 증가한다고 한다. 그래서 하나님이 과거에는 아주 안전한 대기(질소+산소)에 고전류(30만 볼트) 번개를 가하여 비료를 만들고 그것으로 식물을 키우셨다. 하지만 제한된 비료 생산으로 식량의 대량 생산이 불가능했고 덕분에 인구는 16억 명을 넘지 못했다. 그러나 과학적으로 질소비료를 대량생산 할 수 있게 되자 세계 인구가 급증하게 된 것이다.

과거에는 비료 때문에 제한된 지역에서만 식량 재배가 가능했다. 하지만 지금은 인공적으로 비료를 만들 수 있기 때문에 비 한 방울 오지 않는 사막에서도 농사를 지을 수 있게 되었다. 또 물이 있어도 비료가 없어 농사를 짓지 못했지만 지금은 지구 어느 곳에서든지 농사를 지을 수 있게 되었다. 놀라운 것은 고압 전류를 이용해 질소산화물을 만드는 방법을 1980년대 소비에트 과학자들이 처음으로 실험실에서 실증했다는 사실이다.

많은 비를 몰고 다니는 태풍이 올 때는 유난히 큰 번개가 많이

---

3 물에 녹지 않아서 흡수할 수가 없다.

치는데, 이것은 번개가 빗방울을 만드는데 큰 역할을 하기 때문이다. 플러스 전기를 띤 구름층과 마이너스 전기를 띤 구름층이 공기 중에서 충돌하면서 번개를 만들고 이 과정에서 전기를 중화시켜 순식간에 빗방울을 만드는 것이다.

> "안개를 땅 끝에서 일으키시며 비를 위하여 번개를 만드시며 바람을 그 곳간에서 내시는도다"(시 135:7).

비를 내리게 하기 위해 번개를 만드신 하나님은 분명 위대한 과학자임에 틀림 없다. 하나님은 비 오는 날 번개를 일으켜 안정적인 질소로부터 산화질소^{NOx}를 만들고, 인간은 질소와 수소를 고온 고압에서 촉매를 사용하여 암모니아^{NH_3}를 만들어 비료를 생산했다.

과거 종교계에서는 천둥과 번개를 화가 난 신들이 인간에게 내리는 응징이라고 믿고 이에 거역하는 것은 죄악이라고 주장했다. 그래서 18세기 말 독일에서는 번개가 칠 때는 종을 쳐야 한다는 관례를 만들었고 이 때문에 120명의 종지기가 죽고[4] 400개의 종탑이 파괴되었다고 한다.

이럴 때 과학자인 리히만[5]은 번개의 전기 세기를 측정하는 연구

---

4 벼락에 맞아 죽었다. 피뢰침이 없는 탓이었다.
5 George Wilhelm Richmann, 1711~1753.

를 시작했으며, 측정 장치를 만들어 실험을 하다가 그만 번개에 맞아 42세의 젊은 나이에 죽음을 맞이했다. 그와 거의 동시대에 미국의 벤자민 프랭클린[6]은 7년간의 연구 끝에 번개로부터 인간을 보호할 수 있는 피뢰침을 개발함으로써 미국민으로부터 존경받는 과학의 선구자가 되었다.

---

6   Benjamin Franklin, 1706~1790. 미국의 100달러짜리 지폐 인물이다.

삼위일체의 신비

    · · ·

　성경을 읽다 보면 의문이 들 때가 많다. 그 중에서도 특히 대학생들이 많이 질문하는 내용은 하나님의 존재와 삼위일체Trinity이다. 성부와 성자와 성령이 하나라는 것, 아버지와 아들이 하나라는 것은 참으로 받아들이기 어렵다는 것이다.

"주 예수 그리스도의 은혜와 하나님의 사랑과 성령의 교통하심이 너희 무리와 함께 있을지어다"(고후 13:14).
"평강의 하나님이 친히 너희를 온전히 거룩하게 하시고 또 너희의 온 영과 혼과 몸이 우리 주 예수 그리스도께서 강림하실 때에 흠 없게 보전되기를 원하노라"(살전 5:23).

　하나님은 단 한 분이라고 했는데, 성부와 성자, 성령 하나님이 있고, 인간은 단일한 개체일 뿐인데 그 안에 영과 혼이 있다니 이해하기 어려운 것도 사실이다.
　생명이 있는 것들을 크게 식물과 동물, 즉 이원론으로 분류할 수도 있지만, 자세히 들여다보면 식물과 동물 그리고 인간, 즉 삼원론으로 분류하는 것이 정확한 것이다. 왜냐하면 식물은 몸body만 있고, 동물은 몸에 생각이라는 혼soul이 있으며, 인간은 몸과 생각이라는 혼, 그리고 거기에 영원을 사모하는 영spirit이 하나 더 있다. 인간과 동물은 사고의 깊이나 미래에 대한 시간 개념이 전혀 다르다.

식물 — 몸body

동물 — 몸body · 혼soul

인간 — 몸body · 혼soul · 영혼spirit

보이지 않는 하나님(성부)은 예수(성자)라는 인간의 몸(유한한 삶)으로 세상에 태어나셨다. 그리고 가장 중요한 역사인 처녀 잉태를 통해 십자가 위에서의 못 박힘, 이어 부활이라는 최종 임무를 마치시고 이제는 다시 보이지 않지만 성령의 모습으로 우리와 함께 하신다.

그런데 왜 하필 '3'인가? 3은 궁극의 균형을 상징한다. 예를 들어 보자. 다리가 세 개인 책상과 다리가 네 개인 책상 중에 어느 것이 더 안전하겠는가? 아마도 대개의 사람들은 다리가 네 개인 책상이라고 대답할 것이다. 하지만 안타깝게도 정답은 다리가 세 개인 책상이다. 왜냐하면 다리가 네 개인 책상은 바닥이 반듯한 평면이

어야만 안정적이라는 조건이 있지만, 다리가 세 개인 경우는 경사진 곳이나 울퉁불퉁한 곳 등 어떤 경우에도 고정이 가능하기 때문이다.

기하학에서 삼각형은 아주 중요한데, 이는 직선만으로 그릴 수 있는 최소의 모양이 삼각형이기 때문이다. 이 삼각형에서 직선이 하나씩 늘어날 때마다 새로운 각(180도)이 하나씩 생기는 것이다. 그래서 '3'을 가장 안전한 궁극의 균형이라고 한다.

그렇다면 생명의 연출자인 물은 왜 세 가지 모습 3-phase(물, 얼음, 수증기)으로 변화될까? 삼위일체의 하나님을 '물의 상변화'와 비교해 보면 쉽게 이해가 될 것이다.

물은 상변화, 즉 액체, 얼음, 수증기가 온도에 따라 서로 변화하면서 자연의 순환을 돕고 기후를 조절하며 생명체가 살아갈 수 있도록 도와준다. 아주 추운 겨울, 꽁꽁 언 빨래가 마를 수 있는 이유는 얼음이 물을 거치지 않고 바로 기체로 승화하기 때문이다. 물은 세 가지 상으로 서로 변화하지만 물 자체의 고유성은 전혀 변화되지 않는다. 다른 많은 물질들은 상이 변하면 물질 자체가 완전히 파괴되는 경우가 많은데 놀랍게도 물은 그 어떤 상태에서도 자체의 고유한 특성을 그대로 유지한다.

이런 물처럼 하나님도 구약시대에는 하나님이라는 '말씀'(요 1:1)으로, 신약시대에는 예수(성자)라는 '인간의 모습'으로, 그 이후 현재까지는 보이지는 않지만 '성령의 모습'으로 우리 가까이에 있다.

물처럼 하나님도 필요에 따라 그 모습을 우리에게 보여주지만 근본적인 속성은 하나도 변화하지 않는다. 따라서 실존해야 하는 것은 인간의 육체만이 아니라 그 육체 안에 하나님의 영이 깃들어 있어야 한다.

참고로 미국 트라피스트 수도회 수사인 토마스 키팅의 '삼위일체의 신비'를 소개한다.

침묵이란 신을 온전히 경험할 수 있는 최선의 방법이자 신의 모국어이다. 성부인 신은 무한한 침묵으로 일체의 가능성과 모든 잠재성을 품고 있으며, 성부께서는 스스로를 비워 그 아들에게로 흘러갔으므로 성자인 예수는 '실현'의 가능성이 되었다. 이것이 곧 자신을 온전히 내어놓는 희생이다. 그런 다음 성자께서도 역시 자신을 비워 그 아버지께로 흘러들어가, 당신보다는 오히려 성부 안에 거하시므로 그 희생의 열매가 성령이다.

침묵은 신의 음성이나 양심의 소리를 들을 수 있는 통로이다. 입을 다물고 가슴으로 말하게 하고, 그런 후에는 가슴을 닫고 창조자께서 말씀하게 하라. 침묵은 신을 온전히 경험할 수 있는 최선의 방법이다. 왜냐하면 침묵은 신의 모국어이니까! 골방에 들어가서 기도하라는 말은 골방에 가득한 침묵 그자체가 바로 기도이기 때문이다.

피 한 방울에 담긴
'생명의 실상'

. . .

"피를 먹지 말라!"

성경 말씀 중에는 "하라"는 것도 많지만 동시에 "하지 말라"는 것도 많다. 그 중에 하나가 "피를 먹지 말라"는 것이다.

"이스라엘 집 사람이나 그들 중에 거류하는 거류민 중에 무슨 피든지 먹는 자가 있으면 내가 그 피를 먹는 그 사람에게는 내 얼굴을 대하여 그를 백성 중에서 끊으리니

육체의 생명은 피에 있음이라. 내가 이 피를 너희에게 주어 제단에 뿌려 너희의 생명을 위하여 속죄하게 하였나니 생명이 피에 있으므로 피가 죄를 속하느니라.

그러므로 내가 이스라엘 자손에게 말하기를 너희 중에 아무도 피를 먹지 말며 너희 중에 거류하는 거류민이라도 피를 먹지 말라 하였나니

모든 이스라엘 자손이나 그들 중에 거류하는 거류민이 먹을 만한 짐승이나 새를 사냥하여 잡거든 그것의 피를 흘리고 흙으로 덮을지니라.

> 모든 생물은 그 피가 생명과 일체라. 그러므로 내가 이스라엘 자손에게 이르기를 너희는 어떤 육체의 피든지 먹지 말라 하였나니 모든 육체의 생명은 그것의 피인즉 그 피를 먹는 모든 자는 끊어지리라"(레 17:10~14).

놀라운 것은 하나님이 이스라엘 백성은 물론이고 함께하는 타국인들에게도 피를 먹지 말라고 경고했다는 사실이다. 왜냐하면 육체의 생명은 피에 있고 피는 생명과 같기 때문이다. 하지만 현실에서는 얼마나 많은 사람들이 돈을 주고 피를 사먹거나 피로 만든 음식을 먹고 있는가!

1979년 귀국해서 연구소에서 생활하고 있었을 때, 구내식당 메뉴로 선짓국이 나와 당황했던 적이 있다. 하지만 다른 사람들에게 성경에서 금하고 있는 것이니 먹으면 안 된다고 말하면 웃음거리밖에 되지 않을 것 같아 의학 서적을 찾아보았다. 성경에서 피를 먹지 말라고 금한 데에는 분명히 이유가 있을 것이라는 생각이 들었기 때문이다.

피는 첫째 산소 운반, 둘째 탄수화물, 단백질, 지방 등 영양분과 호르몬 운반, 셋째 노폐물 운반 등의 역할을 한다. 또 몸속에 침투한 세균이나 바이러스 등을 공격하여 몸을 보호하고 체온을 조절하는 역할도 한다.

동물의 몸에는 깨끗한 동맥 피와 노폐물을 갖고 있는 정맥 피가 있는데, 우리가 피를 먹을 때는 이 두 가지를 함께 섞어서 먹게 된다. 특히 피 속에 있는 노폐물 중에는 인체에 해로운 것이 많은데, 가령 젖산이나 암모니아, 요산, 파괴된 혈구 같은 것은 먹어서는 안 되는 것들이다.

나는 의학사전에 나와 있는 이런 피의 역할을 복사해서 구내식당 책임자를 찾아갔다. 그것을 보여주며 설명을 하고 창의적인 연구 활동을 하는 연구소 식당에서 선짓국 같은 피로 만든 식재료를 사용하는 것은 적절치 않다고 설득했다. 그 후 구내식당 메뉴에서 선짓국은 빠졌다. 여러분도 몸에 해로운 피 속의 노폐물을 돈을 주고 사먹는 어리석은 짓은 하지 말기 바란다.

그럼 육체의 생명이 피에 있다면 우리의 영혼은 육체 어디에 있는 것일까? 나는 가끔 내 몸 속 어디쯤에 '나'라고 하는 존재가 도사리고 있을까 생각해 보지만 쉽게 답을 찾을 수가 없었다. 하지만 피의 중요성만큼은 오늘날의 발달된 과학과 의학기술로 쉽게 설명할 수 있다. 요즘은 피 한 방울만 있으면 특정 생명체를 복제할 수도 있고 피 속에 들어 있는 DNA 분석을 통해 수백, 수천 년 전 선조들도 추적할 수 있기 때문이다.

인간의 피 속에는 생명을 지키는 가장 중요한 요소인 헤모글로빈hemoglobin이 들어 있다. 한편 식물에는 식물 성장에 가장 핵심적인 클로로필chlorophyll이 들어 있다. 그런데 놀라운 것은 헤모글로빈과 클로로필의 화학구조가 같다는 사실이다. 단지 차이가 있다면 중앙에 있는 금속이 철^{Fe}과 마그네슘^{Mg}으로 다를 뿐이다.

일반적으로는 피의 색을 붉은 색으로 생각하는데, 4억4천만 년 전부터 지구에서 살아왔던 투구게는 피의 색깔이 파랗다. 그 이유는 투구게의 혈색소인 헤모시아닌hemocyanin이 구리Cu를 주성분으로 하고 있기 때문이다.

자연이 신비한 것은 식물과 동물 그리고 인간의 탄생이 무작위적으로 이루어지는 것이 아니고 일관적이고 규칙적인 질서를 따르기 때문이다. 식물에서 인간에 이르기까지 가장 중요한 클로로필과 헤모시아닌, 그리고 헤모글로빈은 모두 같은 구조로 이루어져 있고 중앙의 금속만이 서로 다를 뿐이다. 이 차이가 각 개체의 특징을 대변한다.

의학적으로 인간의 육체는 10년이면 모든 세포가 새로운 것으로 대체된다. 위 세포는 5일, 적혈구는 3개월 동안 1,600킬로미터를 여행한 후 수명이 끝나고, 간 세포는 1년, 두개골 세포는 뼈를 분해하고 재생하는 세포에 의해 10년마다 새 것으로 교체된다. 다만 안구의 수정체와 대뇌피질에 있는 뉴런neuron의 세포들은 인간의 수명과 함께 한다.

철의 역할

원자력 분야에서 30여 년 간 연구 개발을 하면서 내가 발견한 놀라운 사실이 하나 있다. 그것은 세상에 존재하는 100여개의 원소 중 철^{Fe}이 핵적으로 가장 안정적인 원소라는 점이다. 우주 탄생 당시 핵융합에 의해 먼저 가벼운 원소들이 생겼다. 반면 무거운 원소들은 초신성 같은 별들이 폭발하면서 생성되었다. 그런데 철은 핵융합의 마지막, 또 핵분열의 제일 마지막 과정에서 가장 많이 생성된다.

그럼 우주에서 가장 안정적인 원소인 철이 왜 생명을 지키는 헤모글로빈의 중앙에 자리 잡고 있는 것일까? 이것은 단순한 우연의 일치일까 아니면 신의 뜻일까?

헤모글로빈의 구조   클로로필의 구조

피 한 방울에 담긴 '생명의 실상'

인류는 한 혈통?

미국에서 연구원 생활을 하고 있었을 때, 내가 근무하는 연구실에는 서로 국적도 다르고 피부색도 다른 연구원들이 여러 명 있었다. 어느 날 다른 연구원들과 성경 이야기를 하다가 "인류는 한 혈통"이라는 말이 나왔다. 그런데 백인 연구원 중 한 명이 이 말에 거부감을 드러냈다. 백인 특유의 우월감 때문이었을 것이다. 그의 그런 태도에 나는 기분이 별로 유쾌하지 못했다. 여러 인종의 사람들과 함께 연구 작업을 진행해보면 사실 각 개인의 연구 능력이나 결과는 그 사람의 피부색과는 아무런 상관이 없기 때문이다.

그래서 그 백인 연구원에게 이렇게 물었다.

"만일 네가 지금 큰 교통사고를 당해 당장 수혈을 하지 않으면 생명이 위태로운 상태에 놓여 있다고 해보자. 너의 부모 형제는 혈액형이 맞지 않아 수혈을 할 수 없는 상태인데, 마침 주변에 있는 어떤 유색인의 혈액형이 너의 혈액형과 맞아 그가 네 생명을 구한다면 너의 생명은 누구와 더 가까운 것이냐?"

그제서야 그는 "인류가 한 혈통으로 이루어졌다"는 성경 말씀에 수긍하고 성경을 한 번 읽어 보겠다고 말했다.

성경은 육체의 생명은 피에 있으며(레 17:11), 모든 족속은 한 혈통으로 이루어져 있다(행 17:26)고 기록한다. 인종에 관계없이 모든 피는 동일하다. 피에 피부색이 있는 것이 아니다. 그래서 세계 모든 국가가 혈액은행에 피를 보관할 때는 단순히 그 피의 혈액형만 표시하지 인종이나 피부색은 표시하지 않는다.

동물은 한 종에도 여러 종의 개체들이 존재한다. 한 예를 들면, 인간과 가까운 개는 수십 가지 종류가 있다. 그러나 인간은 호모 사피엔스Homo Sapiens라는 단 한 종밖에 존재하지 않는다. 이것이 바로 하나님의 창조의 뜻이 아닌가 한다.

한 번은 광장에 수백 마리의 비둘기가 모여 있는 광경을 보았다. 관광객들이 주는 먹이를 먹기 위해 그렇게 모여든 것이다. 그 비둘기들을 바라보며 비둘기의 색깔이 참으로 다양하다는 생각을 했다. 비둘기들은 다양한 색깔을 갖고 있지만 같은 색을 가진 비둘기들끼리만 어울리지는 않는다. 동물들은 인간처럼 피부색에 대한 편견이 없다.

우리가 많이 키우는 개나 고양이를 봐도 그 모양과 크기, 털색깔이 무척 다양하다. 그런데도 이들은 함께 어울려 살아간다. 그런데 그런 동물들보다 훨씬 지혜롭고 이성적이라는 인간이 왜 그렇게 많은 편견을 갖고 있는지 참으로 알다가도 모를 일이다. 적어도 피부색과 관련해서는 인간이 오히려 동물에게 배워야 하는 것이 아닌지 모르겠다.

하지만 우리가 배워야 할 대상이 어디 동물뿐이겠는가? 식물에 대해 한 번 생각해보자. 식물은 참으로 정직한 생명체이다. 식물은 모든 것을 스스로 해결하면서 살아가는 생명체로, 동물이 필요로 하는 것, 즉 산소와 식량을 제공한다. 식물은 그렇게 환경을 정화하고 먹을 것을 주면서도 고통을 호소하지 않는다. 꽃이나 식물에게 깜빡 잊고 며칠 동안 물을 주지 않는다고 이들이 칭얼대거나 불평하는 모습은 찾아볼 수 없다.

이렇게 말하면 식물은 그저 침묵 속에 가만히 존재하기만 하는 것처럼 보이지만 사실은 그렇지 않다. 식물을 자세히 관찰해보면 식물의 뿌리와 줄기 그리고 잎들이 자신의 생존을 위해 엄청난 노력을 하고 있다는 사실을 확인할 수 있다.

모든 동물과 식물은 다른 동물이나 식물을 취하며 살아가지만, 인간처럼 같은 종을 취하지는 않는다. 하지만 인류의 역사는 거의 대부분이 전쟁의 역사이다. 인간은 왜 그토록 같은 종인 인간을 살육하며 사는지 참으로 이해가 되지 않는다. 이는 하나님이 인간에게만 주신 자유 때문일까? 그래서 하나님은 무서운 심판을 준비하시는 것일까?

"인류의 모든 족속을 한 혈통으로 만드사 온 땅에 살게 하시고 그들의 연대를 정하시며 거주의 경계를 한정하셨으니 이는 사람으로 혹 하나님을 더듬어 찾아 발견하게 하려 하심이로되 그는 우리 각 사람에게서 멀리 계시지 아니하도다"(행 17:26~27).

하나님은 왜 인간을 맨 몸으로 태어나 '지구상의 온 땅에 거하게'Live on all the face of the earth 하셨을까? 인간은 다른 동물들과는 달리 육체적으로는 무척 나약하고 무능하게 태어났다. 그런 인간이 오히려 다른 동물들을 지배하며 환경과 조건에 관계없이 지구상의 어느 곳에서든 살아갈 수 있게 된 이유가 무엇일까? 그것은 바로 수학이라는 학문 때문이다.

만일 인간이 온 몸에 두툼한 털을 갖고 태어났다면 우리는 한정된 지역에서만 살았을 것이다. 그러나 비록 벌거벗고 태어났지만 하나님이 주신 세 가지 지혜, 즉 시간 개념과 문자 그리고 숫자를 사용하는 수학적인 두뇌를 가지고 있기에 극한의 추위나 더위를 극복하며 살 수 있다.

옷을 만든다는 게 무엇인가? 그것이 바로 수학이고 기하학이다. 신체의 크기나 모양에 따라 치수를 재고 재단을 하는 것은 기하학이고 수학이며 과학이다. 인간의 놀라운 능력은 특정 지역의 기후에 맞게 천의 두께를 조절하고 색깔을 선택하여 아무리 춥고 더워도 살아갈 수 있도록 만들었다. 거기에 아름다움까지 덧붙이면서 패션은 과학에 미학을 접목시킨 아주 중요한 융복합 사업으로 발전하였다. 참고로 기하학은 여러 차원을 총 망라해 공간 사이의 관계 및 신비로운 여러 형태를 연구하는 학문으로, 고유하고 영원하여 하나님의 마음속에서 빛나고 있다.

"그가 모태에서 벌거벗고 나왔은즉 그가 나온 대로 돌아가고 수고하여 얻은 것을 아무것도 자기 손에 가지고 가지 못하리니"(전 5:15).

한국생명공학연구원에 인간과 유전자DNA가 가장 비슷한 동물이 무엇이냐고 물었더니 오랑우탄과 침팬지라는 대답이 돌아왔다. 이 두 동물의 유전자는 우리 인간과 99퍼센트 일치한다고 한다. 그런데 더 놀랍고 신비한 것은 유전자는 단지 1퍼센트 밖에 차이가 나지 않는데 살아가는 모습은 단 1퍼센트도 같지 않다는 사실이다.

지구상에 살아가는 70억 인구 가운데 무작위로 두 명을 선택하면 이 두 사람의 유전자는 99.9퍼센트 일치한다. 이는 아무리 외모가 다르고 지능의 차이가 있어도 생물학적으로는 단지 0.1퍼센트의 차이밖에 없다는 의미이다. 우리가 말하는 천재와 바보의 차이는 0.1퍼센트 미만이지만, 인간과 동물의 차이인 1퍼센트는 절대 뛰어 넘을 수 없는 장벽이다. 학자 중에는 인간이 오랑우탄과의 1퍼센트 차이 때문에 인간으로 진화했다고 주장하는데, 만약 그렇다면 오랑우탄과 침팬지도 모두 인간으로 진화했어야 하지 않을까? 아니면 지금도 진화를 계속하고 있다는 말인가?

오랑우탄과는 다른 인간의 1퍼센트 유전자, 과연 그 속에는 무엇이 들어 있을까? 나는 그곳에 인간만이 갖고 있는 '지혜의 샘'이 있다고 생각한다. 가령, 신에 대한 동경이나 시간 개념, 문자와 숫자를 사용하고, 더 나아가 종이를 만들고 인간의 생각을 기록하는 지혜가 그곳에 있다고 생각한다. 확신하건대, 오랑우탄과 인간의 1퍼센트 차이는 절대로 뛰어 넘을 수 없는 진화의 벽이며, 그곳에는 인간의 세 가지 특성, 곧 시간 개념, 문자, 숫자를 사용하는 독특한 지혜가 있음을 강조하고 싶다.

인간

학문을 통해 정신적으로 진화

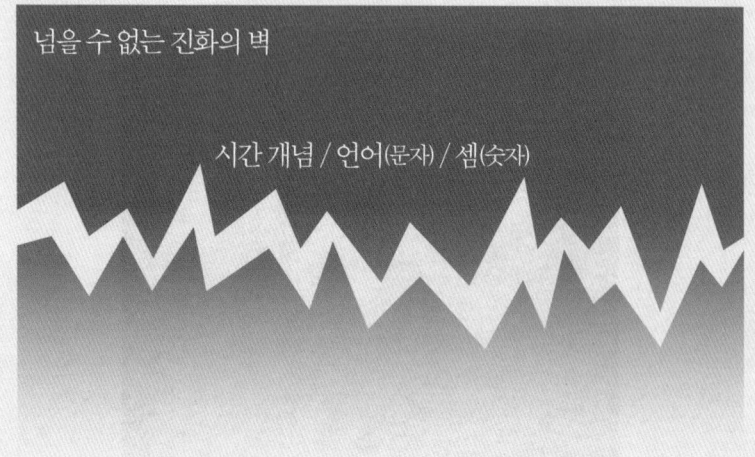

인간과 오랑우탄의 DNA는 겨우 '1퍼센트' 밖에 차이가 없다. 그런데도 인간과 오랑우탄의 삶이 완전히 다른 것은 무엇 때문인가? 그것은 이 '1퍼센트' 안에 동물들은 결코 뛰어넘을 수 없는 견고한 진화의 벽(시간개념, 문자, 숫자)이 존재하기 때문이다.

진화의 벽

우주의 역사가 137억년이고 태양계의 역사는 45억년 정도이다. 이 중 지구에 생명체가 등장한 것은 30억년 전후의 일이다. 그 긴 시간 동안 환경에 적응하고 살아남기 위해 많은 동식물이 변화하고 진화할 가능성은 얼마든지 있다. 진화는 수억 년이라는 긴 시간 동안 진행되는 완만한 변화이다.

그런데 문제가 있다. 바로 진화의 속도! 인간의 역사를 보면 인간이 출현한 것은 고작 1만년 내외이다. 그 1만년이라는 짧은 시간 동안 인간이 이룬 과학 문명은 상상을 초월한다. 인간만이 갖고 있는 시간 개념, 문자를 사용하는 능력, 수를 세는 지혜는 다른 어떤 동물도 절대로 넘을 수 없는 진화의 벽이다. 인간은 포유류 가운데 가장 허약하게 태어났지만 결코 멍청하게 태어나지 않았다. 시간 개념과 문자, 숫자를 사용할 줄 아는 지혜 덕분에 인간은 다른 모든 동물들을 지배하는 최상위 종이 되었다.

동물은 생존을 위해 변화와 진화를 선택했지만 인간은 생존을 위해 학문을 선택했다. 인간은 시간을 인지하고 문자와 숫자를 사용함으로써 정신적으로 진화해왔다. 인간은 배가 불러도 사냥을 하는데 동물은 배가 부르면 먹잇감이 옆에 있어도 사냥을 하지 않는다. 왜 그럴까? 동물은 미래라는 시간 개념이 없기 때문이다.

인간의 언어구조(문자)는 무의식적으로 습득되는 선천적 지식이다(창조의 비밀). 인간이 하등 동물과 유일하게 다른 점은 대단히 복합적인 소리를 생각과 결부시키는 능력이 거의 무한하다는 것이다. 지구상에는 7천여 가지의 언어가 존재한다. 이들 언어는 모두 문법이 다르고 발음 또한 다르다. 철학자 데카르트는 인간을 다른 동물과 구분시키는 결정적인 속성으로 언어 사용 능력을 꼽았다.

  인간은 포유류 가운데 가장 무능하고 무지하게 태어났지만 멍청하게 태어나지는 않았다. 그렇기에 학문과 교육을 통해 성장할 수 있었고 말씀으로 오신 창조자(요 1:1~2)와 소통이 가능한 것이다.

만일 원숭이가 진화해 인간이 되었다면,
모든 원숭이는 인간으로 진화해 지구상에는 더 이상
원숭이가 없어야 할 것 아닌가! 그것이 아니라면
지금 남아 있는 원숭이는 진화를 계속해
앞으로 모두 인간으로 진화한다는 말인가?

• 생명을 창조한 신의 언어 DNA •

DNA는 ATGC(아데닌, 티민, 구아닌, 사이토신)라는 네 가지 아미노산의 결합체로, 인체의 정보를 저장하고 후손에게 저장된 정보를 전달하는 역할을 한다. 그래서 세포액 안에 들어있는 인체의 설계도나 소프트웨어 프로그램으로 생각할 수도 있다.

ATGC라는 DNA의 암호화된 언어는 네 글자로 구성된 4진법이다. 이에 반해 컴퓨터는 0과 1이라는 2진법을 사용한다.

DNA의 이러한 디지털적인 정확함은 얼마나 명쾌한가! 생명체가 지닌 미적 호소력과 예술적 장엄함을 어디에 비교하겠는가! 만약 인간의 진화가 진실이라면 과연 신의 영역이 남아 있을 수 있을까? 신은 불모의 공간일 수밖에 없는 우주를 생명으로 채우고 정밀한 진화체계를 선택해 마침내 각종 미생물과 식물, 동물들을 탄생시켰다.

그래서 신의 창조에 깃든 조화에는 자유와 더불어 기쁨과 평화가 있다. 과학은 신에 의해 위협받지 않는다. 신 역시도 과학에 의해 위협받지 않는다. 신은 과학을 가능케 한 기반이다.

• 인간 게놈 프로젝트와 DNA •

인류 역사상 최초로 시도된 '인간 게놈 프로젝트'를 총지휘했던 사람은 미국의 콜린스Francis S. Collins 박사였다. 이 프로젝트는 인간의 몸을 구성하는 31억 개의 유전자 서열을 밝히는 연구였는데 그 결과물이 바로 인간 게놈 지도였다.

콜린스 박사는 이 프로젝트 후 자신의 저서 『신의 언어』에서 "지금까지 신만이 알고 있던 우리 몸의 설계도를 인간이 처음으로 들여다봤다는 사실에 겸허함과 경외심을 느낀다"고 고백했다. 무신론자였던 콜린스 박사가 이 연구를 통해 오히려 하나님의 살아계심을 믿게 되었던 것이다.

우주에 가득 찬 별들의 노래

. . .

이 거대한 우주는 수많은 별들이 엄청난 속도로 달리면서 탄생과 소멸을 끝없이 반복하는, 살아 움직이는 동적 우주dynamic universe이다. 여러분도 알고 있듯이, 빠르게 움직이는 물체는 반드시 소리를 내기 마련이다. 별들도 마찬가지다. 빠른 속도로 움직이고 있기에 반드시 소리가 난다. 하지만 이 소리는 지구로부터 먼 곳이고, 또 인간의 귀로는 들을 수 없는 주파수 영역대에 있다. 그래서 어느 누구도 별이 내는 소리를 들을 수 있다고는 생각하지 않았다.

"그 때에 새벽 별들이 기뻐 노래하며 하나님의 아들들이 다 기뻐 소리를 질렀느니라"(욥 38:7).

빛과 소리는 둘 다 파장wave, frequence에 의해 움직인다. 하지만 차이가 있다. 빛은 엄청나게 빠른 속도 때문인지는 모르지만 공기 같은 매질이 없는 진공도 통과할 수 있지만, 소리는 그렇지 못하다. 반면 물은 액체와 고체, 기체 등 세 가지 형태를 모두 가지고 있어 빛과 소리 둘 다 통과할 수 있다.[1]

그러면 별과 은하 사이의 공간은 어떨까? 최근의 연구 결과를 보면, 별과 은하 사이의 진공은 인간이 만들어 낼 수 있는 최고의 진공보다 100만 배나 더 완전한 진공에 가깝다. 이 초진공의 공간에 극미로 존재하는 것이 플라스마 plasma(전하를 띤 입자) 입자다. 이 플라스마 입자 덕분에 우주에서도 소리의 전달이 가능하다.

별들이 빠른 속도로 움직이면 압력에 변화가 일어나고 이 변화가 만드는 파동에 의해 음파가 만들어진다. 그리고 이 음파는 플라스마 입자를 통해 전달된다. 다행히도 우주 공간에는 적지만 어디에나 플라스마 입자가 있기에 별들이 움직이는 소리가 전달될 수 있다.

인간의 귀는 최하와 최고의 폭이 1천배에 이르는 꽤 넓은 영역의 소리를 들을 수 있다. 하지만 이 '하늘의 음악'을 듣기에는 역부족이다. 하늘의 소리는 진동수가 262Hz인 중간 도 음보다 57옥타브나 낮아 들을 수 없다.

그런데 놀랍게도 현대 과학이 이 음파를 수집하고 측정하는데

---

[1] 소리는 탄성파로 매질이 있어야 전달이 되고, 빛이나 전자파는 비 탄성파로 매질이 없어도 전달된다.

성공했다. 그리고 이 음파의 시간과 음 높이를 조절하여 인간이 들을 수 있도록 만들었다. 1억년을 10초로 줄이고, 초기 우주의 음을 최소 50옥타브나 올려서 '하나님만 들을 수 있었던 별들의 노래'를 인간도 들을 수 있게 만든 것이다. 현대 과학의 놀라운 기술력 덕분에 성경의 말씀을 실증할 수 있게 되었다.

하나님은 이런 별들의 노래를 들으며 얼마나 기뻐하셨을까? 그리고 먼 훗날 인간이 과학의 힘으로 별들의 노래 소리를 듣고 하나님의 존재를 확인하도록 하셨을 것이다.

그럼, 하늘에 그토록 많은 별이 존재하는 이유는 무엇일까? 그저 깜깜한 밤에 대양과 사막에서 길을 인도하는 것이 전부일까? 사람은 힘들고 고통스러울 때 달 보다는 별을 보며 더 많은 위로를 얻는다. 그래서 삶의 가혹함을 체험한 사람만이 별을 제대로 볼 수 있고 별빛이 건네는 위로를 받을 자격이 있다. 별이 건네는 위로와 희망은 밤이 깊으면 깊을수록 더욱 빛난다. 별들의 노래 소리를 들을 수 있는 시대에 태어나 과학인의 한 명으로 살아온 것은 나에겐 큰 행운이다.

헤아릴 수 없는 별의 숫자

나는 매일 새벽 5시면 일어나 대덕연구단지 운동장을 달린다. 거리로는 대략 6킬로미터 정도다. 운동장을 달리다 보면 아직 캄캄해서 하늘에는 달도 떠 있고 별들도 수없이 반짝인다. 그 별들을 바라다보며 나는 저 많은 수의 별을 우리가 과연 정확히 셀 수 있을까 하는 의문에 사로잡혔다.

10여 년 전 아랍에미리트UAE에 원자력 협력 차 출장을 갔을 때도 그 별들을 보았다. 별들은 사막의 밤하늘에서 금방이라도 쏟아져 내릴 듯 맑게 반짝였다. 내가 그 별들을 바라보는 순간에도 우주에서는 수많은 별들이 생성과 소멸을 반복하며 찬란한 우주쇼를 연출하고 있었을 것이다. 나는 창조자의 위대한 창조력을 상상하며 이런 생각을 했다. 인간이 별의 노래 소리는 들을 수 있어도 그 많은 별의 숫자를 정확이 셀 수는 없을 것이라고! 그것은 오직 전지전능한 하나님의 능력일 것이다.

신의 의미를 추구하는 수학

. . .

고대 희랍의 아카데미아 입구에는 "기하학을 모르는 자는 들어오지 말라!"Let no one ignorant of geometery enter here고 쓰여져 있었다고 한다. 그만큼 오래 전부터 수학은 중요한 학문으로 인정을 받아왔다. 야생의 어리석음에서 벗어나 인류가 함께 지혜로워질 수 있는 문명의 길을 열어준 것이 수학이며 역사적으로 찬란한 꽃을 피웠던 문명은 모두 수학을 그 기반에 깔고 있다. 수학은 인류가 지닌 가장 소중한 재능이며 우리를 둘러싸고 있는 세상의 의미를 제대로 파악해낼 수 있는 가장 효과적인 수단이다.

수학은 기본적으로 수와 양과 공간의 성질에 관한 학문이다. 수학의 본질은 구조를 규명하고 집약하며 분석하는 것이다. 그래서 완벽하게 객관적인 사실만 인정한다. 우리를 둘러싸고 있는 자연은 제멋대로 변하는 변덕쟁이가 아니고 수학의 법칙에 따라 운행한다. 일정한 규칙을 갖고 있는 것이다. 그래서 별이 폭발하고 모든 것이 변해도 불변하며 항상 동일한 대상으로 남는 것이 '숫자'

이다. 숫자가 불변하기 때문에 우리는 그 숫자를 가지고 자연의 변화와 변이를 파악할 수 있는 것이다.

수학은 무한을 다루는 학문이며 추상을 생명으로 한다. 수학은 최고의 상상력을 요구하며 자유성을 가장 큰 특징으로 한다. 수학이 우리의 다양한 질문에 대한 가장 강력한 도구가 될 수 있는 이유는 그것의 단순성 때문이다. 물질계에서 우리가 경험할 수 있는 다양한 현상들은 수학적으로도 동일하게 풀어낼 수 있다. 수학자들은 무한을 신의 영역으로 생각하며 무한의 난해함과 신비함에 때론 절망하고 때론 환희를 맛본다. 그래서 수학자는 자연의 언어인 수학을 이용해 신의 마음을 읽으려고 한다.

수학에서의 직관은 수학적 아름다움을 느끼게 해주는 능력이다. 수학은 수와 형태의 조화를 감상하고 기하학적인 우아함을 음미할 줄 아는 상상력을 갖고 있다. 유한한 인간이 무한이라는 개념을 받아들일 수 있는 것 역시 직관력 때문이다. 수학에서는 증명하는 것 말고도 상상해야 비로소 해결할 수 있는 문제들이 있다. 수학의 창조자가 느끼는 기쁨과 평화로움 그리고 자신감은 이 세상 그 어느 것에도 비교할 수 없다. 위대하고 새로운 수학적 구조는 불멸의 승리다.

수학의 매력은 이것이 정직한 학문이라는데 있다. 사람은 수학을 통해 스스로 정직해지는 법을 배운다. 어지럽고 혼란스럽게 펼쳐진 혼돈의 무질서 속에서 신의 계시처럼 맑고 질서정연한 규칙을 발견했을 때, 그리고 그 질서를 간결한 문장과 수식으로 표현했을 때 수학자들은 전율한다.

가령 미적분학은 행성의 운동과 조수의 주기를 비롯해 우주와 우리 삶에서 일어나는 모든 종류의 연속적인 변화를 예측할 수 있게 해준다. 미적분학은 무한의 경이로운 힘을 이용함으로써 오랫동안 풀 수 없었던 문제들을 풀어냈고 결국에는 지금의 과학 혁명과 현대 세계를 탄생시켰다. 그래서 수학은 보이는 세계와 보이지 않는 세계를 잇는 다리가 된다. 인간이 신성해져서 신과 같은 존재가 되려면 수학을 공부해야 한다.

수학의 위대한 발견 '제로(0)'

'영(0)'이라는 숫자 개념이 나타난 것은 1에서 9까지의 숫자가 출현하고도 한참 후의 일이다. 그 이유는 수학자들이 오랫동안 이 '0'을 숫자로 인정하지 않았기 때문이다. 숫자란 무엇인가가 "있다"는 의미인데 '0'은 "없다"는 의미이기 때문이다. 없는 것을 굳이 숫자의 체계 안에 포함시킬 이유를 발견하지 못했던 것이다. 하지만 '0'의 발견은 수학에 혁명을 가져왔다. '0'이 발견됨으로써 10진법이 탄생했고 이것은 오늘날 현대 과학의 뿌리가 되었다.

재미있는 것은 '0'이 아주 '난폭한 숫자'라는 것이다. 어떤 숫자든 그 숫자에 '0'을 곱하면 모두 '0'이 되고, 어떤 숫자든 그 숫자에 '0'을 붙일 때마다 10배, 100배 등 10의 승으로 커지게 된다. 그래서 '0'은 강력한 힘을 가진 '난폭한 폭군'으로 불렸다. 수학자들이 '난폭한 수 0'에 제동을 건 것이 나눗셈을 못하게 한 것이다.

영은 '존재하는 무'로서 무한 개념과 함께 수학에서 가장 중요한 역할을 한다. 현대 과학을 이끈 가장 중요한 미적분은 무한의 개념에서 출발한 학문이다. 물리학자들이 가장 싫어(?)하는 개념이 무한의 개념인데 이유는 물리적으로 '무한의 개념'을 실증할 수 없기 때문이다.

수학자들이 '무'와 영zero을 '0'으로 표시하고 무한infinite을 '0'이 두 개 붙은 ∞로 표시했다. 이것은 단순한 우연일까, 아니면 신의 뜻일까?

둥근 원은 세상을 굴러가게 한다. 둥근 바퀴는 인간이 짊어질 무게를 나누어 지는 인류의 동반자이다. 가축의 효용을 극대화하고, 무역을 활성화하고 도왔을 뿐 아니라 지금까지도 운송의 역할을 완벽하게 수행―산업혁명, 전쟁 등 바퀴의 역할―하고 있다.

신은 자연수를,
인간은 그 나머지 수를 창조했다.

수학은 보이는 세계와
보이지 않는 세계를 잇는 다리이다.

인간은 왜 정확한 원의 넓이를 구할 수 없을까?
이것이 바로 인간의 한계이다.
정확한 원의 넓이는 오직 신만이 구할 수 있다.

우리는 짙은 수학의 향기에 취해 전율한다.
그리고 신의 마음을 읽고 신에게 감사한다.

수학자나 과학자는 수학이라는 신의 언어에 시간 개념을 접목시킨다.
그럼으로써 신의 창조성에 전율하고 창조자의 존재를 인정하게 된다.

제3장
천지창조의 오라토리오

하나님은 화학자?

. . .

예나 지금이나 혼인 잔치에는 술이 있어야 하는 모양이다. 그런데 흥겨운 혼인 잔치에 그만 술이 떨어졌다. 신약성경에 나오는 한 혼인 잔치의 풍경이다. 손님은 많은데 술이 떨어졌으니 혼주가 얼마나 당황했겠는가?

"예수께서 그들에게 이르시되 항아리에 물을 채우라 하신즉 아귀까지 채우니 이제는 떠서 연회장에게 갖다 주라 하시매 갖다 주었더니 연회장은 물로 된 포도주를 맛보고도 어디서 났는지 알지 못하되 물 떠온 하인들은 알더라. 연회장이 신랑을 불러 말하되 사람마다 먼저 좋은 포도주를 내고 취한 후에 낮은 것을 내거늘 그대는 지금까지 좋은 포도주를 두었도다 하니라"(요 2:7~10).

가나의 혼인 잔치에서 물로 포도주를 만든 사건은 예수님이 보여주신 최초의 기적(표적)이다. 그런데 여기서 우리의 관심사는 이 사건이 그저 단순한 기적인가 아니면 어떤 과학적 원리가 숨어 있는가 하는 점이다.

  포도주는 포도를 항아리에 넣고 공기가 들어가지 않도록 밀봉해서 일정 기간 시원한 곳에 저장해두면 만들어진다. 포도주를 만드는데 있어 중요한 요소는 포도와 시간 그리고 적당한 온도다.

  나는 대학에서 화학을 전공했다. 그래서 이 문제를 화학적으로 접근해보고 싶다. 포도주의 주요 성분은 에탄올이라는 알코올 C_2H_5OH이다. 알코올의 세 가지 원소는 탄소C 2개, 수소H 6개, 산소 O 1개다. 그래서 화학자에게 탄소와 수소, 산소를 주고 실험실에서 알코올을 합성해내라고 하면 시간은 좀 걸리겠지만 얼마든지 만들 수 있다.

  앞에 나온 신약성경 속의 사건은 항아리에 물H_2O을 채우고 그것을 연회장으로 옮기는 사이에 포도주로 변한 일이다. 여기서 주목할 부분은 항아리에 채워진 '물'이다. 이 물은 지하수인데, 지하수에는 탄산가스CO_2가 녹아 있다. 혹은 공기 중에 있는 탄산가스를 원료로 사용할 수도 있다. 이것을 가지고 화학적으로 술을 만들어 보자.

$$CO_2 + H_2O = C_2H_5OH (술)$$

  알코올을 만드는 방법은 여러 가지다. 자연에서 수확한 열매를 가지고, 혹은 시약을 이용해 온도와 압력 그리고 촉매를 이용해 알코올을 만들 수 있다. 여기서 가장 중요한 요소는 '시간'이다. 앞에 등장한 혼인 잔치에서의 기적은 바로 시간 위에 계시는 하나님의 능력 때문에 가능한 일이었다. 하나님의 능력으로 아주 짧은 시간에 화학반응이 진행된 것이다. 이렇게 하나님의 가장 중요한 창조물인 시간을 이해하면 하나님의 진정한 모습이 무엇인지 쉽게 알 수 있다.

술과 버터의 역사

한 생명체가 세상에 태어나서 가장 먼저 먹는 것이 어미의 젖이다. 젖은 어미가 어린 생명에게 줄 수 있는 최고의 사랑이다. 그래서 동물의 젖은 최고의 음식으로 사랑 받아 왔다. 맛있는 음식일수록 쉽게 변질되고 부패하는 것은 균도 사람처럼 맛있는 음식을 좋아하기 때문이라고 한다. 빨리 부패하는 고기나 과일이 다른 것보다 더 맛있는 이유는 이 때문일 것이다. 그래서 우유 같은 귀한 음식을 오래 보관하는 것은 옛날부터 어려운 일이었다.

그런데 3,000년 전에 쓰여진 성경의 잠언에는 독주의 위험성과 쉽게 운반이 가능하고 오랫동안 보관할 수 있는 버터를 만드는 지혜가 나와 있다.

"포도주는 거만하게 하는 것이요 독주strong drink는 떠들게 하는 것이라 이에 미혹되는 자마다 지혜가 없느니라"(잠 20:1).

"포도주는 붉고 잔에서 번쩍이며 순하게 내려가나니 너는 그것을 보지도 말지어다. 그것이 마침내 뱀serpent 같이 물 것이요 독사viper 같이 쏠 것이며"(잠 23:31~32).

"만일 네가 미련하여 스스로 높은 체하였거나 혹 악한 일을 도모하였거든 네 손으로 입을 막으라. 대저 젖을 저으면churning 엉긴 젖이 되고 코를 비틀면 피가 나는 것 같이 노를 격동churning하면 다툼이 남이니라"(잠 30:32~33).

독주는 옛날부터 우리의 삶을 망가뜨려왔다. 그래서 독주를 마시는 것은 지혜롭지 못한 일이라는 것이 성경의 경고다. 술로 인해 자신의 삶뿐 아니라 다른 사람의 삶까지 망가뜨리는 일이 얼마나 많았는가! 우유는 저으면 인간에게 유익한 버터가 되지만 분노를 저으면 인간을 해치는 독이 된다는 경고는 우리에게 시사하는 바가 크다.

치유의 기적에 담긴 과학

"예수께서 아이의 손을 잡고 불러 이르시되 아이야 일어나라 하시니 그 영이 돌아와 아이가 곧 일어나거늘 예수께서 먹을 것을 주라 명하시니 그 부모가 놀라는지라"(눅 8:54~55).

"거기 서른여덟 해 된 병자가 있더라. 예수께서 그 누운 것을 보시고 병이 벌써 오래된 줄 아시고 이르시되 네가 낫고자 하느냐 병자가 대답하되 주여 물이 움직일 때에 나를 못에 넣어 주는 사람이 없어 내가 가는 동안에 다른 사람이 먼저 내려가나이다. 예수께서 이르시되 일어나 네 자리를 들고 걸어가라 하시니 그 사람이 곧 나아서 자리를 들고 걸어가니라"(요 5:5~9).

"벳새다에 이르매 사람들이 맹인 한 사람을 데리고 예수께 나아와 손 대시기를 구하거늘 예수께서 맹인의 손을 붙잡으시고 마을 밖으로 데리고 나가사 눈에 침을 뱉으시며 그에게 안수하시고 무엇이 보이느냐 물으시니 쳐다보며 이르되 사람들이 보이나이다 나무 같은 것들이 걸어 가는 것을 보나이다 하거늘"(막 8:22~24).

"내가 세상에 있는 동안에는 세상의 빛이로라. 이 말씀을 하시고 땅에 침을 뱉어 진흙을 이겨 그의 눈에 바르시고 이르시되 실로암 못에 가서 씻으라 하시니 이에 가서 씻고 밝은 눈으로 왔더라"(요 9:5~7).

여기에 기록된 말씀을 보면 하나님이 병을 고치시는 방법이 굉장히 독특하다. 죽은 아이와 38년 된 병자를 치유하고는 사람들에게 이를 말하지 말라고 당부하신다. 당시에는 질병 치료와 관련해 무술(무당)같은 것이 많이 사용되었기에 하나님의 능력이 그런 것들과 비슷하게 취급될까봐 염려하셨던 것으로 생각된다. 특히 죽은 아이는 움직일 수 없으니 약이나 물리적인 방법으로는 되살릴 수 없었을 것이다. 그래서 오직 '능력'으로 치료하셨을 것이다.

그러나 맹인의 경우에는 소위 '처방'(?)을 하셨다. 한 번은 침으로 처방하셨고, 또 한 번은 침과 진흙으로 처방하셨다. 인간이나 동물의 침은 강력한 소독제이자 항생제다. 동물은 모든 상처를 자신의 침으로 치료한다.

현대 의학에서 사용하는 연고는 금속산화물(ZnO)이거나 금속유화물(MS)이다. 자연에 존재하는 흙은 대부분 금속산화물로 강한 소독성과 살균성을 가지고 있다. 우리가 어렸을 때 놀다가 다치면 고운 흙가루를 상처에 바른 이유는 바로 이 때문이다. 침과 흙은 분명 훌륭한 치료제임에 틀림없다. 그렇기에 하나님은 당신의 치유 능력을 사용하지 않고 다른 사람들도 쉽게 이해할 수 있는 의학적이고 과학적이며 합리적인 치료 방법을 이용하셨던 것이다.

하나님은 물리학자?

• • •

어렸을 때 『7인의 신부』라는 영화를 본 적이 있다. 그 영화를 보면서 나는 '소리'의 성질과 중요성을 깨달았다. 일곱 명의 형제가 소리라는 과학을 이용해 일곱 명의 예쁜 신부를 맞이하는 모습을 보면서 '정말 과학이 못하는 일은 없구나' 하는 생각이 들었다. 오늘날 훌륭한 과학자는 가장 인기 있는 직업이고 젊은 남녀가 가장 선호하는 신랑, 신붓감이 아닌가!

"이에 백성은 외치고 제사장들은 나팔을 불매 백성이 나팔 소리를 들을 때에 크게 소리 질러 외치니 성벽이 무너져 내린지라"(수 6:20).

성경에는 출애굽한 이스라엘 백성들이 여리고 성을 정복하는 장면이 나온다. 그런데 이들이 성을 무너뜨리는 무기는 다른 어떤 것이 아니라 바로 소리다. "나팔을 불매 백성이 나팔 소리를 들을 때에 크게 소리 질러 외치니 성벽이 무너져 내린지라". 지금으로부터 3,500년 전 단지 소리로 튼튼한 성벽을 무너뜨리다니 정말 놀라운 일이 아닌가!

소리는 빛, 그리고 전자기파와 함께 아주 중요한 통신 수단이며 의학적으로도 그 활용 영역이 점점 넓어지고 있는 매개체다. 초음파를 이용하면 고통스런 담석이나 신장결석도 수술하지 않은 채 쉽게 제거할 수 있다. 최근에는 레이저와 탄소나노튜브를 이용해 만든 고강도 고주파를 머리카락 10분의 1 크기인 10마이크로㎛ 이하로 집중시키는 기술까지 개발되었다. 이 기술은 향후 외과적으로 거의 통증이 없는 수술용 칼에 적용될 것이다. 이 기술을 이용하면 전립선 종양 같은 것도 쉽게 치료할 수 있다.

초음속 비행기를 처음 개발했을 때, 저공비행을 하며 음속을 돌파하면 지상에 있던 주택의 유리창이 모두 파괴되어 인명 피해(고막 파열)와 재산 피해가 많았다고 한다. 세계 제2차 대전 당시 유럽에서는 군인들이 발을 맞춰 행군을 하는데 다리가 붕괴되는 사고가 났다. 조사를 해보니 행군할 때 나는 군화 소리가 공명을 일으키며 증폭되어 다리를 붕괴시켰다는 사실이 밝혀졌다. 그 후로는 다리에서의 행군이 금지되었다.

이스라엘 백성들은 잡음이 없는 아주 조용한 아침에 나팔 소리에 맞춰 많은 사람들이 동시에 소리를 지름으로써 성을 무너뜨렸다. 아마도 시끄러운 낮에 불규칙하게 소리를 질렀다면 성은 무너지지 않았을 것이다. 소리가 불규칙하거나 잡음이 섞이면 공명 현상이 일어나지 않는다. 이처럼 여리고 성의 함락은 기적이 아니고 과학이다.

흑암으로 강보를 만든 하나님

여름철, 바닷가에서 장시간 햇빛에 노출되면 피부에 화상을 입게 된다. 또 겨울철, 눈이 많이 쌓인 높은 산에서 보안경을 끼지 않으면 시력이 손상되는 경우가 많다. 이는 외계로부터 날아오는 것 가운데는 인간의 생체에 해로운 것도 많다는 뜻이다. 도대체 지구의 대기권 밖에는 무엇이 있는 것일까?

137억 년 전, 대폭발Big Bang로 생긴 수소는 우주 공간에 흩어져 떠돌다가 약 45억 년 전 만유인력[1]에 의해 뭉치면서 태양을 만들었다. 이렇게 탄생한 태양은 거의 동시에 탄생한 지구에 비해 무게가 거의 33만 배에 이른다. 거대한 수소 덩어리인 태양의 중심에서는 어떤 일이 벌어지고 있을까?

태양의 중심에는 중력에 의해 수천만 기압의 압력이 발생한다. 이 압력에 의해 1,500만 °C라는 엄청난 열이 발생한다. 상상을 초월하는 압력과 뜨거운 열에 의해 태양의 중심에서는 수소가 핵융합을 일으키며 헬륨으로 바뀐다. 이때 어마어마한 빛과 열이 발생하며 인체에 몹시 해로운 우주선(線)도 발생한다.

---

[1] 중력, 이것은 하나님의 능력을 의미한다.

4H $\longrightarrow$ He + 빛 + 우주선cosmic rays

 태양의 중심에서 발생한 빛과 우주선들이 태양의 표면까지 도달하는 데는 적어도 1백만 년이 걸리고, 다시 태양의 표면에서 지구까지 오는 데는 500초가 걸린다. 그 빛 속에는 우리가 필요로 하는 가시광선이나 적외선 외에도 피부암을 유발하는 고 에너지 자외선과 지극히 강력한 우주선이 함께 들어 있다. 지구상의 생명체가 안심하고 살아가기 위해서는 어떤 방법으로든 이 자외선과 우주선을 제거해야 한다. 특히 치명적인 우주선은 전하charge를 가지고 있어서 여기에 그대로 노출되면 어떤 생명체도 생존이 불가능하다.

 그러면 하늘에서 폭포처럼 쏟아지는 치명적인 방사선을 누가 제거할 수 있단 말인가? 우주를 창조하신 하나님만이 가능한 일이 아니겠는가?

> "그 때에 내가 구름으로 그 옷을 만들고 흑암으로 그 강보[2]를 만들고 한계를 정하여 문빗장을 지르고 이르기를 네가 여기까지 오고 더 넘어가지 못하리니 네 높은 파도가 여기서 그칠지니라 하였노라"(욥 38:9~11).

 나는 지금까지 과학을 하면서 이 말씀에 큰 충격을 받았다. 그

---

2 swaddling band, 일종의 포대기 같은 것.

이유는 현대 과학 문명이 우리의 생명을 보호하는 이 강보들을 파괴하고 있기 때문이다. 하나님이 우리를 위해 준비한 두 개의 강보가 있는데, 하나는 오존층O^3이고 다른 하나는 반 알렌 벨트Van Allen Belt다. 오존층은 지표로부터 25~30킬로미터 사이에 존재하는 층으로, 지상기압으로 환산하면 0.3센티미터 두께 밖에 안 되지만 놀랍게도 자외선의 99퍼센트를 차단한다.

  심각한 것은 냉매인 프레온가스freon gas와 소화기에 사용되는 할론halon 같은 불소 화합물, 그리고 고공비행을 하는 데서 나오는 오염 물질들이 이미 위험 수준까지 오존층을 파괴했다는 사실이다. 이렇게 해서 유입되는 자외선은 유전인자DNA 중에 있는 아미노산에 쉽게 흡수되어 유전인자와 조직들을 파괴하여 많은 사람들이 피부암으로 고통 받고 있다. 동시에 식물의 성장에도 아주 나쁜 영향을 미치고 있다.

  반 알렌 벨트는 1958년 미국 아이오와 대학교University of Iowa의 물리학 교수인 제임스 반 알렌 교수[3]가 자신의 이름을 따서 명명한 것이다. 나는 아이오와 대학에서 연구생활을 할 때 학교에서 그를 잠시 만났던 기억이 있다. 이 벨트는 두 개인데, 하나는 지상으로부터 1,000~5,000킬로미터 사이에, 다른 하나는 15,000~25,000킬로미터 사이에 존재한다. 이 두 개의 벨트는 태양으로부터 날아오는 우주선과 태양풍solar wind 속의 많은 해로운

---

3 James van Allen, 1914~2006.

입자들을 차단해 우리를 보호하고 있다.

과학을 하는 사람으로서 걱정되는 것은 이미 오존층이 많이 파괴되었고, 또 지금도 계속되고 있는 무분별한 우주 개발로 남은 보호막마저 다 파괴되지는 않을까 하는 우려이다. 그래서 성경은 "문빗장을 지르고 넘어가지 말라"고 경고하셨다. 창세기에는 "땅에 충만하라 땅을 정복하라"(1:28)는 말씀이 있다. 하지만 성경 어디에도 하늘을 정복하라는 기록은 없다. 우리 인간이 꼭 명심해야 할 것은 물체를 아무리 얇게 잘라도 늘 양면이 존재한다는 사실이다. 자연에 빛과 어둠, 질서와 무질서, 물질과 반물질이 있듯이, 인간의 과학기술에도 양면성이 있다.

지구의 생명체를 보호하는 강보들이 지상 25킬로미터에서 25,000킬로미터 사이에 존재한다는 사실은 20세기에 와서야 겨우 밝혀졌는데, 어떻게 3,000년 전에 기록된 욥기에 이러한 사실이 적혀 있는지 생각하면 생각할수록 경이로울 뿐이다. 이는 하나님의 능력이며, 하나님이 거대한 우주 위에 충만해 계시다는 증거이다.

우리는 기도하면서 "하늘에 계신 우리 아버지"라고 말한다. 그럼 하늘에 계신 아버지는 어느 하늘에 계신 것일까? 지상에서 하늘을 보면 흰 구름이 아름답게 떠다니는 지점이 10킬로미터 높이고, 푸른 창공은 태양빛이 대기권의 공기와 산란을 일으키는 지점으로 100킬로미터 높이다. 또 우리가 볼 수 있는 별은 9,500조 킬로미터 거리에 있는 것이고 우주 배경 복사가 관측된 거리는 수백억 광년 거리다. 우리가 살고 있는 지구는 이런 우주에 비하면 먼지보다 작다. 당연히 하나님은 지구에서 보이는 저 하늘에만 계시는 것은 아닐 것이다.

웅대한 서사시, 창세기

사랑도 하고 질투도 하는 하나님은 이 우주를 창조하실 때 어떤 마음이셨을까? 아마도 설렘과 두려움이 공존했을 것이라고 생각한다. 연약한 인간을 창조하시고 그들의 삶이 반드시 평탄치만은 않을 것이라는 것을 아셨기 때문일 것이다.

하나님이 창조의 으뜸으로 삼은 인간에게 주신 최고의 선물은 시간을 이용할 줄 아는 지혜, 기록할 수 있는 문자, 셈을 할 수 있는 지혜, 즉 시간 개념과 문자, 숫자이다.

책이 없다면
신도 침묵을 지키고
정의는 잠자며
자연과학은 정지되고
철학도 문학도
말이 없을 것이다.
— 토마스 바트란

창세기를 이해하기 위해서는 몇 가지 전제가 필요하다.

첫째, 시간과 공간은 인간과 함께 하나님이 만든 최고의 창조물이라는 사실과 우주를 구성하는 가장 중요한 요소라는 것.

둘째, 주께는 하루가 천년 같고 천년이 하루 같다는 사실, 바로 시간이 고무줄과 같다는 사실이다.

셋째, 우리는 시간을 경험할 때 우리 자신이 우주와 연결되어 있음을 느낄 수 있고, 동시에 시간 위에 계시는 하나님의 존재를 확인할 수 있다.

"태초에 하나님이 천지를 창조하시니라.

땅이 혼돈하고 공허하며 흑암이 깊음 위에 있고 하나님의 영은 수면 위에 운행하시니라.

하나님이 이르시되 빛이 있으라 하시니 빛이 있었고

빛이 하나님이 보시기에 좋았더라. 하나님이 빛과 어둠을 나누사

하나님이 빛을 낮이라 부르시고 어둠을 밤이라 부르시니라 저녁이 되고 아침이 되니 이는 첫째 날이니라"(창 1:1~5).

참으로 멋진 문장이다! 이 짤막한 문장 속에 하나님의 모든 역사, 곧 우주의 창조부터 힘겨운 인간의 삶, 그리고 인간을 구원하고 심판하기까지를 다 포함하고 있기 때문이다. 창세기의 이 말씀

은 하나님의 모든 역사, 곧 성경 전체를 요약한 말씀이다.

빛의 속도는 절대 변하지 않지만, 시간과 공간은 고무줄 같이 상대적으로 변한다는 것이 시간의 상대성 이론이다. 모든 과학 이론의 맨 위에 있는 시간의 상대성 이론은 창세기에서 하나님이 단 6일 만에 만물을 창조했다는 사실을 쉽게 이해할 수 있게 해준다. 기본적으로 하나님의 시간과 인간의 시간은 다르다. 창세기의 하루는 우리 시간으로 따지면 수억 년이 될 수도 있다는 의미다. 시간을 늘릴 수도, 축소wrinkles in time할 수도 있는 것이 하나님의 능력이다.

이제부터 천체 물리학자들이 밝힌 우주의 탄생에 대해 생각해 보자.

137억 년 전, 곧 태초에 초고온의 에너지 스프energy soup가 대폭발을 일으킴과 동시에 엄청난 팽창inflation이 일어난다. 이 팽창으로 인해 에너지가 진행할 수 있는 시간과 공간이 열려 한 방향으로 에너지가 퍼져 나간다. 이 에너지는 퍼져 나감과 동시에 냉각이 시작되어 3분 46초 만에 9억 도에 도달하게 된다. 이처럼 에너지hv가 초고온에서 냉각되면서 상호작용하여 소립자인 e-(전자)와 e+(양전자)를 만들고 결국 원소가 생성된다.

에너지가 소립자를 거쳐 만들어진 최초의 물질은 수소H와 헬륨He가스다. 바로 이 순간이 텅 빈 우주 공간에 첫 물질이 만들어지면서 우주가 탄생하는 순간이다. 지금 우리의 몸과 주변에 있는 수소는 137억 전에 만들어진 것이다. 그래서 물리학자들은 뒤의 46초를 떼어 내고 '3분'을 우주가 창조되는데 걸린 시간이라고 말한다The first three minutes. 우리가 말하는 대폭발Big Bang은 태초의 빛(에너지)에 의해 수소와 헬륨이 만들어지기까지의 과정이다.

  우주 질량의 76퍼센트를 차지하는 수소와 24퍼센트를 차지하는 헬륨이 광활한 우주 공간에서 시간의 흐름에 따라 회전하는 무거운 별들을 만든다. 여기에는 만유인력(하나님의 능력)이 작용을 하고 이렇게 되기까지 걸린 시간은 수십억 년이다. 이렇게 만들어진 별들의 중심에는 엄청난 압력과 열에 의해 맨 먼저 수소가 헬륨으로 바뀌는 과정이 시작된다.[4]

  하지만 수소가 고갈되면 핵융합이 중단되면서 열에 의한 팽창도 중단된다. 이때 중력에 의해 별의 중심부가 수축되는데, 이 수축으로 인해 온도가 더 올라(10억도) 다시 헬륨^{He}이 탄소^{C}로 바뀌는 핵융합이 일어난다. 태양보다 약 10배 이상 무거운 별들은 탄소가 고갈되면 그 다음에는 산소^{O}를 태우고 이어 네온^{Ne}, 그리고 마지막에는 30억 도의 초고온에서 실리콘^{Si} 등을 태우면서 결국 철^{Fe}(원자번호 26)이 남을 때까지 과정이 계속된다.

---

4 핵융합. 태양을 생각해보면 된다.

최초 우주 창조의 대폭발Big Bang — 팽창inflation

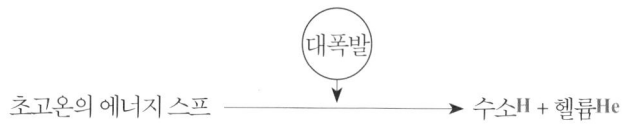

팽창과 냉각

에너지 ⟶ 소립자 ⟶ 원자 ⟶ 분자 ⟶ 물질계(우주)

$h\nu + h\nu$(빛) ⟶ e^-(전자) + e^+(양전자, 소립자)

두 번째의 빛

$4H$ ⟶ He + 빛 + 우주선cosmic rays ⟶ 수소폭탄(태양)

태양 — 수소폭탄의 원리

He(헬륨폭탄) C O Ne Si(실리콘폭탄) Fe(계속된 핵융합으로 철Fe까지)

태양보다 10배 이상 무거운 별에서는 핵융합이 철까지 계속된다. 이는 수소폭탄의 원리인 태양처럼, 헬륨폭탄에서 실리콘폭탄까지 진행되면서 가벼운 원소들을 만든다. 헬륨에서 철까지 가는 데 매 단계 마다 수억 년의 시간이 소요되었을 것이다. 태양의 나이는 현재 50억 년인데, 앞으로도 50억 년을 더 살 수 있다. 그런 다음에는 핵융합의 원료인 수소가 모두 소진되고 중심으로부터의 강력한 중력 때문에 수축 붕괴와 동시에 폭발하며 사라질 것이다.

그러면 철보다 무거운 원소는 어디에서 탄생했을까?

이것들은 우리가 '현란한 우주쇼'라고 부르는 초신성supernova의 폭발에 의해서 만들어진다. 초신성은 태양의 크기의 수백만 배에 달하는데, 이것이 폭발할 때는 최고 광도가 태양 휘도의 3억 배에 달하기도 한다. 이와 같은 초신성은 태양이 지난 50억 년 동안 방출한 에너지의 200배에 이르는 에너지를 약 1초 사이에 뿜어낸다고 한다. 아마도 예수님이 탄생하실 때 동방에서 박사들이 보고 온 '밝은 별'이 바로 초신성이 아닐까 생각된다. 수억 년이라는 긴 시간 동안에 핵반응을 통해서 만들어진 100여 개의 원소들은 화학 반응을 일으켜 안정된 화합물의 형태로 우주 공간에 널리 퍼져 있게 된다.

월간지 『별과 우주』가 천문학자들을 대상으로 '20세기 천문 우주 베스트 10'을 선정했을 때 1위는 '허블의 법칙'이었다. 허블의 법칙은 우주가 팽창하고 있으며 동시에 우주가 유한하다는 것을 보여준 대 발견이었기 때문이다.

우주가 팽창한다는 것을 이용해 시간을 거슬러 과거로 돌아가니 결국 137억 년 전 한 점에서 대폭발Big Bang Theory이 일어나 우주가 탄생하게 되었음을 증명하였고, 동시에 우주가 팽창하고 있지만 결국은 유한하다는 사실도 함께 알게 되었다. 무한한 하나님이 유한한 우주를 창조하였다는 것은 어쩌면 가장 논리적이고 과학적이라 할 수 있다. 우주에서 벌어지는 찬란한 역동성을 보면 인간으로서는 이를 주관하는 하나님의 놀라운 능력을 경외할 수밖에 없는 것이 아닐까 싶다.

원소의 탄생

대폭발Big Bang과 그에 따른 냉각 ──────▶ 수소와 헬륨까지

태양과 태양보다 큰 별 중심에서의 핵융합 ──▶ 헬륨에서 철까지

초신성supernova의 폭발에 의한 핵분열과 핵융합
────▶ 금·은 등 나머지 무거운 원소들

태양계의 탄생

우주 대폭발이 일어나고 90억 년 후, 지금으로부터는 46억 년 전, 우주를 떠다니던 가스(수소와 헬륨)와 먼지들이 어떤 힘(만유인력)에 의해 뭉쳐서 밀도가 커지면서 태양이 탄생한다. 태양의 주위에

는 가스와 먼지5가 '원시 태양계 원반'을 만들고 이 원반 안에 먼지(흙)가 모여 '미행성'이라는 작은 천체가 만들어진다. 그리고 이 미행성이 충돌과 합체를 반복하면서 '원시 행성' 같은 것들이 탄생한다.

원시 행성은 끊임없이 다른 원시 행성들과 충돌하면서 지구나 화성 같은 또 다른 행성들이 생긴다. 1970년대 미국의 아폴로 계획으로 달에서 가지고 온 월석을 분석해 본 결과 지구와 달은 45억 년 전에 동시에 탄생하였다.

신기한 것은 달은 공전(27.32일)과 자전(27.32일) 주기가 같고, 달의 자전축이 공전 면에서 수직 방향으로 자전을 하기 때문에 지구에서는 달의 뒷면을 볼 수 없다는 사실이다. 우주에는 헤아릴 수 없이 별이 많지만 달처럼 자전과 공전 주기가 같은 별은 존재하지 않을 것이라고 한다. 참고로 지구는 공전이 365일인데 반해 자전은 단 하루, 즉 24시간이다.

그런데 인간이 영원히 볼 수 없을 것이라고 생각했던 달의 뒷모습을 과학의 힘을 빌려 볼 수 있게 되었다. 하나님은 왜 인간에게 달의 뒷모습을 보여주지 않으려고 했을까? 1959년 구 소비에트의 '루나 3호'는 처음으로 달의 뒷모습을 촬영했는데, 지구 쪽에서 보는 달의 모습과 뒷모습은 너무도 다르다고 한다. 특히 달의 뒷면에는 앞면보다 분화구가 많다고 하는데 이는 지구를 향해서 떨어

---

5 다양한 원소들의 산화물, 바로 흙이다.

지는 운석들이 달의 뒷면에 충돌할 가능성이 많기 때문일 것이다.

한편 달은 매년 지구로부터 3.4센티미터씩 멀어지고 있다. 참고로 태양계 안에서 운석으로부터 지구를 보호하는 별은 목성인데, 목성의 대단히 큰 중력이 지구에 다가와 떨어질 수 있는 많은 운석들을 자신에게 끌어당겨 지구를 보호한다고 한다.

흥미로운 것은 성경의 기록과 천체 물리학자들이 밝힌 우주의 탄생을 비교해 보면 상당히 유사하다는 것이다. 최초(137억 년 전)의 빛은 대폭발의 근원인 에너지로서, 이 에너지가 물질로 바뀌는 데는 90억 년이라는 긴 시간이 필요하다. 이런 시간을 통해 많은 원소들이 만들어지고 이것들이 뭉쳐서 태양과 지구, 달 등을 포함하는 태양계를 만들어 지구(흙)에 생명체가 탄생했다.

성경에 기록된 '태초에 천지를 창조'한 시간은 137억 년으로, 처음 하늘(天)이 열리고 지구(地)를 포함한 태양계가 탄생한 시간은 90억 년으로, 이 시간이 바로 창세기의 '첫날'이다. 이 기간 동안은 핵물리 현상들이 지배했던 시간들이다. 이처럼 시간의 상대성[6] 과 시간의 중요성을 삶을 통해 직접 경험할 때 우리는 우주와 여호와 하나님을 느끼게 된다.

여기서 한 가지 의문이 있다. 천지 창조의 6일 동안 하나님은 왜 둘째 날은 기뻐하지 않으시고 6일째 되던 날은 몹시 기뻐(It was very

---

[6] 하나님의 시간과 인간의 시간은 서로 다르다. 흔히 하나님의 시간을 카이로스라고 하고 인간의 시간을 크로노스라고 한다.

good 하셨을까?

  첫째 날은 우주를 창조하시고 빛을 창조하신 날로 창조의 시작으로써 기뻐하셨다.

  둘째 날은 인간을 포함한 모든 생명체가 살아갈 터전을 마련했지만, 동시에 그곳이 인간이 힘들게 살아야 할 터전이며, 일그러진 삶을 살아가야 할 인간의 미래를 읽으시고 단순히 기뻐하실 수 만은 없었을 것이다.

  셋째 날은 육지와 바다를 만드시고 최초로 채소와 열매 맺는 과목 같은 생명체를 창조하시고 기뻐하셨을 것이다.

  넷째 날은 물리학자들 사이에 많은 논란이 있었던 날이다. 바로 지구의 탄생이 저온 Cold Theory에서 이루어졌느냐, 아니면 고온 Hot Theory에서 이루어졌느냐를 놓고 논쟁을 벌였던 것이다. 하지만 여러 가지 과학적 데이터는 지구가 대단히 뜨거운 상태에서 탄생되었음을 보여준다. 지구가 너무 뜨거워 지상의 모든 물이 수증기가 되어 아주 오랜 시간 동안 지구 대기권을 덮고 있어서 지구 표면에서는 아무것도 볼 수 없었을 것이라 생각된다.

  남북 할 것 없이 지구 전체가 더워서 셋째 날에 창조하신 채소와 나무는 태양열이 아닌 지열에 의해서 자랐다. 따라서 육지가 있는 곳에서는 식물이 굉장히 빠른 속도로 자랐을 것이며, 수억 년에 걸친 잦은 지각 변동으로 땅에 묻혀 석탄이 되었을 것이다. 지금은 얼음에 덮여 있지만 북극과 남극에 석탄층이 있는 것은 바로 그 때문이다.

지구가 점점 식으면서 대기권의 수증기들은 물이 되어 아래로 떨어져 내렸다. 육지와 바다가 생기면서 하늘에는 구름이 떠다니고 지금과 같은 푸른 하늘의 모습이 드러나게 되었다. 대기권의 두꺼운 수증기 때문에 볼 수 없었던 해와 달이 그 모습을 드러내고, 이때부터는 지열이 아닌 태양열로 생명체들이 살아가게 되었다. 지구상에는 사계절이 생기면서 오늘과 같은 기후가 되었고 인간이 살 수 있게 되었다. 수증기로 덮여 있던 지구에서 드디어 해와 달을 볼 수 있게 되어 하나님은 기뻐하셨다.

다섯째 날은 지구상의 육지와 바다들이 지금의 모습으로 변하면서 대륙과 대양 The waters in the seas이 생겨났고, 하나님은 여러 대양과 호수에서 살 수 있는 수중생물과 하늘을 나는 새와 땅위에 사는 많은 동물들을 창조하시고 기뻐하셨다.

여섯째 날은 하나님이 자신을 닮은 인간, 곧 남자와 여자를 창조하시고 모든 생명체를 인간이 다스리도록 특권을 주셨다. 특히 "생육하고 번성하여 땅에 충만하라, 땅을 정복하라, 바다의 물고기와 하늘의 새와 땅에 움직이는 모든 생물을 다스리라"며 축복하셨다.

```
대폭발(우주의 창조)                          현재
├─────────── 137억년 ───────────┤
├──── 92억년 ────┼──── 45억년 ────┤
첫째 날: 약 90억년 ──┼── 둘째 날에서 지금까지 ──


        하늘(천)              태양/지구
├── 핵물리가 지배한 시대 ──┼── 화학이 지배한 시대 ──
```

여섯째 날, 하나님이 인간을 창조하시고 몹시 기뻐하신 것은 하나님이 우리 인간을 얼마나 사랑하시는지를 보여주는 것이다. 그런데 여기서 우리가 꼭 짚고 넘어가야 할 것은 "땅을 정복하라"는 하나님의 명령은 있지만 성경 어디에도 "하늘을 정복하라"는 명령은 없다는 사실이다. 그 이유는 무엇일까? 또 한 가지 흥미로운 것은 찰스 다윈이 만든 '종의 분류'가 성경의 내용과 거의 비슷하다는 것이다. 나는 찰스 다윈이 진화론을 만들 때 성경의 창세기를 크게 참고했을 것이라고 생각한다.

45억 년이라는 지구의 역사를 요약하면, 지구는 뜨거운 열기 속에서 태어났다. 지구상에 뒤덮인 용암과 뜨거운 열기 때문에 모든 물은 수증기로 변하여 대기권으로 올라갔다. 지구는 아주 두꺼운 수증기 층으로 오랫동안 덮여 있었다. 하지만 지구가 냉각되면서

일부 육지가 생기고, 거기에서 채소와 나무들이 지열에 의해서 빠른 속도로 성장했다. 이때의 극심한 지각변동으로 이들 채소와 나무들은 땅 속에 묻혀 석탄이 되었다.

이후 계속된 지구의 냉각으로 거의 모든 수증기는 물로 변하였다. 그러자 하늘이 열리고 해와 달이 그 모습을 나타내면서 지구는 많은 변화를 겪게 된다. 모든 동식물은 태양에 의지해 살아가게 되었고, 지구의 자전운동으로 태양열을 적게 받는 남극과 북극은 얼음이 얼면서 얼음 곳간이 되었다.

"그가 바닷물을 모아 무더기 같이 쌓으시며 깊은 물을 곳간에 두시도다"(시 33:7).

북극과 남극의 얼음이 다 녹아 물이 되면 바다의 해수면이 지금보다 약 60센티미터나 높아진다고 한다. 지구상의 대부분의 얼음은 남극에 있는데, 남극의 얼음 두께는 3,000미터나 된다고 한다. 지구의 탄생에서부터 남극의 얼음 곳간을 채울 때까지 얼마나 많은 시간이 소요되었을까? 동물의 세계에서 남극과 북극의 가장 큰 차이는 남극에는 펭귄이 있는데 백곰이 없고, 북극에는 백곰은 있는데 펭귄이 없는 것이라고 한다. 이 차이를 어떻게 설명할 수 있을까?

인류의 삶을 위한
태양계의 신비

지구에서 태양과 달을 보면 두 행성의 크기가 거의 비슷해 보인다. 하지만 실제로는 달 보다 태양이 400배나 크다. 달은 지름이 3,476킬로미터인데 반해 태양은 지름이 139만 킬로미터에 달한다. 지구 크기의 109배이다. 이처럼 크기가 400배나 차이가 나는데도 어떻게 태양과 달의 크기가 비슷해 보이는 것일까?

그 비밀은 거리에 있다. 지구에서 달까지의 평균거리는 38만4,400킬로미터이고 지구에서 태양까지의 평균거리는 1억4,960만 킬로미터로, 지구에서 태양까지의 거리는 지구에서 달까지 거리의 400배이다. 크기비와 거리비가 동일하게 400배라는 이 신비한 일치 때문에 지구에서 보면 달과 태양의 크기가 같아 보이는 것이다. 또 이러한 이유로 개기일식이나 개기월식과 같은 우주 드라마도 가능해지는 것이다.

한편 달은 자전과 공전 주기가 동일하다. 그래서 지구에서는 늘 달의 한쪽 면(59%)밖에는 볼 수가 없다. 또 달의 자전과 공전 주기가 같기 때문에 지구에서는 밀물과 썰물이 일어나고 이로 인해 바다가 숨 쉬며 모든 생명의 근원이 될 수 있는 것이다.

중요한 것은 이런 신비한 우연의 일치를 우주 다른 어떤 곳에서도 찾아볼 수 없다는 사실이다. 이는 아마도 인간이 지구에서 살 수 있도록 하기 위한 창조자 하나님의 큰 뜻이 담겨져 있기 때문일 것이다. 지구는 공전을 할 때 공전 궤도면이 수직 방향에서 23.5도 기울어져 있다. 이 때문에 한 지점에서 태양빛을 받는 각도가 지구의 공전 궤도에 따라 달라지게 되는데, 이로 인해 계절의 변화가 일어나고 사계절이 가능하게 된다. 창조자 하나님의 오묘한 섭리에 저절로 머리가 숙여지는 대목이다.

우주의 진화와
생명의 탄생

우주의 역사는 137억년에 달한다. 그 긴 시간 동안 우주는 어떻게 진화해 왔을까?

초기 우주는 물질로 가득 찬 뜨거운 상태였다. 빅뱅 이후 초고온의 에너지 스프는 3분 만에 수소가스를 만들면서 초기 우주를 형성한다. 이 초기 우주는 엄청난 속도로 확장하면서 차디찬 진공 상태가 만들어지는데, 놀라운 것은 이러한 우주의 팽창이 지금도 계속해서 가속되고 있다는 사실이다. 여기에는 신비의 암흑 에너지가 관여하고 있다.

현재 우리가 살고 있는 대기권은 $1m^3$ 당 3×10^{25}개의 분자가 포함되어 있다. 우주의 평균 밀도는 $1m^3$ 당 6~7개 정도인데, 이는 지상의 실험실에서 만들어낼 수 있는 진공에 비해 그 수치가 1천만 배나 높은 것이다. 참고로 인공적으로 만들어낼 수 있는 최고 진공은 $1m^3$ 당 100개 정도이다.

우주는 지금도 팽창을 계속하고 있기 때문에 우주의 평균 밀도는 앞으로 더 낮아질 것이다. 우주가 앞으로 얼마나 더 팽창하고 그에 따라 우주의 밀도가 얼마나 낮아질 것인지는 아무도 모른다.

우리가 초진공 상태를 만들어서 물질을 연구하는 것은 그 물질의 내면을 들여다보기 위해서다. 물질은 그 물질의 주변에 영향을 주는 다른 물질이 전혀 없을 때에야 비로소 진정한 내면의 모습을 볼 수 있기 때문이다. 과학자들이 이처럼 물질의 내면을 보기 위해 노력하는 것은 창조자가 만든 물질의 신비, 우주의 신비를 밝힘으로써 살아 있는 신의 존재를 확인하는 작업이다.

물질이 고도로 밀집된 곳에서만 생명이 탄생할 수 있다는 것은 생명의 숙명이다. 또 초진공의 상태에서만 물질의 내면을 볼 수 있다는 것은 물질의 숙명이다. 이 두 가지 숙명은 우리를 창조자에게 인도하는 이정표가 아닐까 생각한다.

우주는 초기의 입자물리 실험실에서 지금의 진공 실험실로 137억년에 걸쳐 진화해왔다. 생명체의 입장에서 보면, 우주는 초기 90억 년은 핵물리에 의해 지배되는 세상이었다. 이후 우주가 화학에 의해 지배되면서 생명체가 탄생되어 오늘에 이르렀다고 할 수 있다.

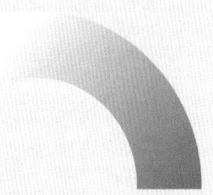

인간의 모습
— 여섯째 날 마지막으로 인간을 창조하신 하나님은 "심히 좋아" 하셨다.

인간은 시간을 인지하고 문자와 숫자를 사용함으로써 정신적으로 진화한다. 인간 개개인은 '단수'지만 인간은 인간이 가진 다양성으로 인해 '복수'의 삶을 살아간다.

동물은 생존을 위해 변신과 진화를 선택했지만, 인간은 진화 대신 학문을 선택했다. 한 예를 들면, 원숭이는 놀랍게도 200여 종이나 존재한다. 하지만 인간은 유일하게 한 혈통을 지닌 단 한 종만이 존재한다. 이것이 가장 중요한 창조의 비밀이다.

울면서 태어난 인간은 말보다 미소를 먼저 배운다. 문자와 숫자를 사용할 줄 아는 지혜가 있어서 숫자에 시간 개념을 접목시킨다. 그리고 이를 통해 과학 문명을 이루고 우주의 신비를 밝히기 위해 하늘에서 꿈을 캐는 존재이다.

인간은 시간을 경험하면서 걷기 시작하고 자신이 다른 동물과 같지 않음을 자각한다. 거울 속의 자기 모습을 보면서 자신의 성장을 알아간다. 인간은 지상의 모든 존재 가운데 유일하게 "왜?"라고 묻는 존재이다. 바람을 피하지 않고, 벽을 눕혀 길을 만들며, 땅보다 하늘을 더 많이 쳐다보는 존재이다. '생각'과 '느낌'을 가진 존재로서 타인의 감정을 읽을 줄 안다.

인간은 등을 바닥에 대고 하늘을 보면서 사색하고 별을 헤아리는 존재이다. 그래서 천문학을 발달시켰고, 인류 최초의 학문이 천문학인 이유가 여기에 있다. 인간은 주변 사물에 이름을 지어주고 사물을 분류하며 주변 환경에 질서를 부여한다. 심지어는 보이지 않는 빛이나 소리에도 이름을 붙여준다. 인간은 지구상에서 가장 적극적으로 빛과 소리를 만들어 사용하는 존재로서 과학과 예술을 발달시켜왔다.

또한 인간은 유일하게 약속을 하고 약속을 지키는 존재이다. 유한한 삶을 살면서 무한을 논하는 존재로, 이런 직관이 학문을 만들고 역사를 선도한다. 어떤 면에서 가장 무지하게 태어났지만 멍청하게 태어나지는 않아 교육을 통해 무지를 탈피할 수 있는 존재이다. 영원(신)을 사모하는 마음을 가진 존재로서 동물처럼 살지 않는다. 지식을 창조하고 사랑하며 더 나아가 창조자를 찾기 위해 노력하는 존재이다.

인간은 동물 가운데 유일하게 이중성을 지닌 존재이다. 남을 속이고 거짓말하며 허세를 부리고 자랑하며 남을 무시하고 자기과시를 한다. 또한 신의 존재를 부정하고 모든 일에 신을 탓하며 원망하기도 한다. 거리에서는 자유민주주의를 외치면서도 가정에서는 폭군이자 독재자로 군림하기도 한다. 상상할 수 없이 어려운 자원봉사를 하면서도 정작 아픈 자기 부모의 대소변은 즐거운 마음으로 처리할 수 없는 것이 우리의 모습은 아닐까? 살면서 상처를 가장 많이 받는 곳이 '가정'인 이유는 무엇일까? 가장 원망과 비난을 많이 받는 대상이 '신'인 이유는 무엇일까?

이렇게 다양한 모습을 가진 인간은 유한한 삶을 살면서도 고칠 수 없는 불치병인 '꿈과 희망, 사랑'을 품고 살아가는 존재이다. 그렇기에 궁극적으로는 창조자를 찾아갈 수밖에 없는 존재인 것이다.

생명의 첫 창조물, 식물

　하나님은 지상에 생명체를 창조하시면서 가장 먼저 식물을 만드신다. 이렇게 만들어진 식물은 흙 속이나 물 속에 뿌리를 내리고 모든 동물이 살아가는데 필요한 영양분, 곧 에너지를 공급하는 역할을 한다.

　식물은 참으로 정직한 생명체이다. 자신이 필요한 에너지를 스스로 생성할 뿐만 아니라 에너지를 얻기 위해 다른 생명체를 해치지도 않는다. 어디 그뿐인가? 동물의 배설물을 정화하고 동물의 생존에 꼭 필요한 산소와 식량을 아낌없이 준다. 인간과 동물을 위해 때로는 꽃을, 때로는 열매를, 때로는 뿌리를 어떤 불평도 없이 제공한다. 한여름의 풍요로움을 모두 인간과 자연에게 돌려주고 추운 겨울을 맨 몸으로 지낸다. 또한 물을 저장하고 공급하는 역할을 하고 인간에게는 아름다움과 휴식, 그리고 안식을 준다. 그래서 인간이 이룬 문명의 뒤안길에는 숲과 강이 있다고 했다.

　나로서는 식물이 왜 어떤 상처에도 고통을 소리내어 호소하지 않는지 궁금하다. 이는 고통이 없도록 창조한 하나님의 능력인가? 굽은 나무가 산을 지키고, 아름다운 꽃과 나무는 인간이 기르지만 강한 꽃은 창조자가 기른다고 했던가? 어떤 환경에서도 불평하지 않는 식물의 인내, 생존을 위해 불평하지 않고 살아가는 식물은 바로 시간이 흐를수록 더 아름다워지고 기품을 더해가는 놀라운 생명체다.

　식물이 인간을 위해 얼마나 놀라운 일을 하는지를 보여준 사례가 바로 미국 아이오와 대학 연구팀의 조사 결과이다. 이 연구팀은 상자에 밀 한 톨을 심어 싹이 트고 자라서 몇 톨의 열매를 얻은 후 첨단도구를 총동원해 아주 작은 실뿌리까지 그 길이를 재어보았다. 그 결과 뿌리의 길이가 무려 11,200킬로미터에 달했다. 몇 톨의 열매를 얻기 위해 노력하는 생명체의 놀라운 능력은 자연의 위대함과 신비 그 자체가 아닌가!

　어디 그뿐인가? 식물의 능력은 때때로 상상을 초월한다. 어떤 나무의 잎 하나를 물에 담가두면 이것이 자라서 줄기와 뿌리를 내리고 꽃을 피워 열매까지 맺는 것을 볼 수 있다. 식물 세포는 사실 동물 세포보다 훨씬 간단하다. 그런데도 그 안에 동물 세포 보다 훨씬 많은 정보를 가지고 있어서 단순히 잎 하나, 줄기 하나만 물에 담가두어도 뿌리를 내리고 꽃을 피워 열매를 맺는다. 그러니 어떻게 놀라지 않을 수 있겠는가!

　이에 반해 동물은 오직 같은 것만 복제할 뿐이다. 이 역시 하나님의 오묘한 창조 능력이라고 할 수 있다. 만일 동물이 식물처럼 일부 피부 세포로부터 자라나 성체가 된다면 세상은 어떻게 될까? 상상하기 어려운 일이다.

　식물의 탄소동화작용에서 생기는 산소라는 배설물(?)은 동물의 삶을 지탱하는 가장 중요한 요소이다. 그러나 동물이나 인간의 배설물은 사람들에게 많은 혐오감을 준다.

여기서 잠시 인간의 배설물에 관한 이야기를 하나 하고 싶다. 하루는 육군 장성들에게 성경 이야기를 하던 중 성경에 기록된 배설물 이야기를 했더니 다들 깜짝 놀랐다. 그러면서 어떻게 그런 것까지 성경에 기록되어 있을 수 있느냐며 믿을 수 없다는 표정들이었다.

"네 진영 밖에 변소를 마련하고 그리로 나가되 네 기구에 작은 삽spade을 더하여 밖에 나가서 대변을 볼 때에 그것으로 땅을 팔 것이요 몸을 돌려 그 배설물excrement을 덮을지니 이는 네 하나님 여호와께서 너를 구원하시고 적군을 네게 넘기시려고 네 진영 중에 행하심이라"(신 23:12~14).

이 말씀이 놀라운 것은 이런 이유 때문이다. 장성들의 설명에 의하면, 전쟁에서 가장 중요한 것은 식량과 무기이다. 그런데, 전쟁터에서 적군의 배설물을 관찰하면 그들의 물자 보급 상태와 건강 상태까지 알 수 있어 작전을 수립하고 전쟁을 승리로 이끄는데 큰 도움이 된다는 것이다. 성경에는 참으로 우리가 상상도 못했던 놀라운 이야기들이 많이 기록되어 있다.

봄,
겨울나무가 꾸는
'따뜻한 희망의 꿈'

나무의 겨울나기는 동물이나 인간에 비하면 참으로 가혹하다. 이것은 스스로 움직일 수 없는 식물의 숙명이다. 나무는 동물이나 인간처럼 추위를 피해 동굴 같은 피난처를 찾을 수 없고 사람처럼 옷을 입을 수도 없다. 그저 제 자리에서 시린 혹한을 견디며 생존해야 한다.

그럼에도 불구하고 나무는 어려움을 겉으로 내색하지 않는다. 자신의 나이도 겉으로 드러내지 않는다. 오직 안으로, 안으로 갈무리해 나이테로 쌓아갈 뿐이다. 겨울을 앞두고 나무가 온통 털어내는 낙엽은 쓸쓸함의 대명사인가, 아니면 생존을 위한 숭고하고 장엄한 진화의 산물인가?

식물의 엽록소는 광합성을 통해 포도당을 만든다. 나무는 인간과 마찬가지로 포도당을 에너지원으로 활용해 성장하고 씨앗을 만든다. 겨울이 되어 일조량이 줄면 엽록소의 광합성 효율이 떨어져 에너지원이 부족해진다. 동물로 치면 먹을 것이 부족해지는 것이다.

식물 세포는 수분을 함유하고 있어 추우면 얼어서 세포가 파괴될 수 있다. 그래서 잎에 있는 엽록소를 분해해 에너지 소비를 줄이는 극단적인 선택을 하게 된다. 녹색의 아름다움 대신 생존을 택한 것이다. 이렇게 엽록소가 분해되면서 잎의 녹색이 사라지고 원래 가지고 있던 붉은색과 노란색 색소가 드러나면서 아름답게 단풍이 드는 것이다.

풍성했던 여름의 잎을 다 떨궈낸 나무는 겨울 동안 나목으로 견딘다. 나목은 혹독한 겨울을 견디며 앞으로 싹을 틔울 봄날을 꿈꾼다. 나목은 생명의 기운을 간직한 채 의연하게 봄을 기다리라는 희망의 메신저다. 봄이라는 희망을 꿈꾸는 동안 나목은 결코 춥지 않을 것이다.

살갗을 에는 무서운 겨울, 그래도 마음만큼은 아지랑이 피는 봄을 생각하며 소망을 잃지 않아야 한다. 나목처럼 겨울을 껑충 뛰어 넘어 봄을 생각하고, 물질의 부족함보다는 정신의 가난을 두려워하는 삶을 살아야 한다.

나무를 태우면 연기는 하늘로 올라가고 재만 땅에 남는다. 인간 역시 죽으면 삶의 흔적은 주변의 많은 사람들의 정신세계로 퍼져 기억되고 육체는 썩어 식물의 거름이 된다. 하지만 인간은 여기서 한걸음 더 나가야 한다. 바로 창조자의 생명책(계 3:5)에 기록되어야 하는 것이다. 이것이 우리가 인간으로 태어난 가장 중요한 이유이다.

경외의 대상은
오직 하나님과 부모뿐

• • •

동물은 식물이나 다른 동물로부터 삶에 필요한 영양분과 에너지를 얻어야만 생존할 수 있는 지극히 이기적인 생명체이다. 그래서 하나님은 동물에게 해산의 고통을 주지 않았을까 생각한다. 특히 인간에게는 몹시 힘든 잉태와 해산의 고통을 주셨다. 이는 선악과를 먹지 말라는 하나님의 명령을 거역한데 따른 벌이기도 하지만 다른 한편으로는 생명의 귀중함을 알게 하기 위함이라고 생각한다.

"또 여자에게 이르시되 내가 네게 임신하는 고통을 크게 더하리니 네가 수고하고 자식을 낳을 것이며 너는 남편을 원하고 남편은 너를 다스릴 것이니라 하시고"(창 3:16).

정도의 차이는 있겠지만 여자가 임신 중에 겪는 입덧의 고통은 참으로 감당하기 어려운 것이다. 물론 그 입덧으로 인해 임산부가 죽는 법은 없지만, 해산의 고통이 때론 생명을 앗아갈 만큼 고통스럽다는 것은 바로 그 고통과 인고를 통해 태어나는 인간만의 존귀한 승리라고 할 수 있다. 그래서 이 세상에서 가장 아름답고 강한 힘은 바로 그 참기 어려운 고통을 알고 있으면서도 자녀를 낳아 기르는 어머니의 사랑이다.

> "너희 각 사람은 부모를 경외하고 나의 안식일을 지키라. 나는 너희의 하나님 여호와이니라"(레 19:3).

인간의 육체적인 고통을 연구한 자료에 의하면, 인간의 육체가 감당할 수 있는 고통은 45del^{unit} 이라고 한다. 그런데 놀랍게도 해산의 고통은 57del^{unit}이라고 하는데, 이는 24개의 뼈가 동시에 부러질 때^{fracture}의 고통과 같다고 한다.

이토록 엄청난 고통을 어머니에게 주고 태어난 인간이 꼭 해야 할 일이 있다. 그것은 부모를 하나님과 같이 섬기라는 명령이다. 성경에서 '경외'$^{reverence/in\ the\ fear\ of}$라는 단어를 오직 하나님과 부모에게만 쓰는 이유가 바로 이것이다. 부모에게 불효하면서 하나님을 믿는다는 것이 얼마나 잘못된 것인지를 알아야 한다. 먼저 보이는 부모를 섬기고 그 다음에 보이지 않는 하나님을 섬기는 것이 순서가 아닐까 한다.

그럼, 우리에게 부모는 어떤 존재이고 어떤 의미를 지니는 있는

지를 생각해보자. 어머니를 소재로 한 시는 상당히 많지만 그 중 내가 주례할 때 자주 소개하는 정한모 시인의 '어머니'라는 시를 소개한다.

어머니

정한모

어머니는
눈물로
진주를 만드신다.

그 동그란 광택의 씨를
아들들의 가슴속에
심어 주신다.

씨앗은
아들들의 가슴속에서

벅찬 자랑 젖어드는 그리움

때로는 저린 아픔으로 자라나

드디어 눈이 부신

진주가 된다.

태양이 된다.

검은 손이여

암흑이 광명을 몰아내듯이

눈부신 태양을

빛을 잃은 진주로

진주를 다시 쓰린 눈물로

눈물을 아예 맹물로 만들려는

검은 손이여 사라져라.

어머니는

오늘도

어둠속에서

조용히

눈물로 진주를 만드신다.

우리는 어머니의 눈물이 만든 진주이다. 모든 것이 잘 되고 어려움이 없으면 부모는 별로 중요하지 않은(?) 존재일 수 있지만, 우리가 실패하고 날개가 꺾여서 아무것도 할 수 없을 때 우리가 유일하게 찾을 수 있는 언덕이 부모님이 아닐까? 하지만 여러분에게 부모는 혹시 '들고 있으면 아프고 내려놓으면 마음이 아픈 바로 그런 존재'는 아닌지…. 아니면 해외에서는 상상도 할 수 없는 어려운 자원봉사를 하면서도 자신의 집에서는 병든 부모의 대소변조차 받을 수 없는 그런 존재는 아닌지 생각해봐야 한다.

부모에게 자식은 10개월은 뱃속에서, 3년은 팔에서, 그리고 나머지는 평생을 가슴에 묻어둬야 하는 존재이다. 그런데도 우리는 하나님을 믿는다고 하면서 부모에게 소홀하지는 않는지 한 번쯤 뒤돌아 보아야 한다. 부모와 자식 간의 양방향 사랑과 경외는 우리가 쉽게 하나님을 찾아가는 길이기도 하다.

나의 가장 큰 후회

인간 사회에서 '엄마'보다 더 높은 직책은 없다고 한다. 내가 생명으로 잉태되면서 어머니 뱃속에서 열 달 동안 무엇을 먹고 자랐겠는가.

어머니,

당신의 뱃속에

열 달 동안 세 들어 살고도

한 달 치 방세도 내지 못했습니다

어머니,

몇 년씩이나 받아 먹은

따뜻한 우유값도

한 푼도 갚지 못했습니다

그것은 어머니

이승에서 갚아야 하는 것을

알면서도

저승까지

지고 가려는 어머니에 대한

나의 뻔뻔한 채무입니다

위의 글은 한 지인이 길에서 우연히 주운 것이라며 보여준 글이다. 내가 살아오면서 가장 가슴 아프고 후회하는 것은 어머니에 대한 부분이다. **가난이 상식으로 통하던 그 어려운 시대에 우리 7남매를 기르신 그 연약하고 가냘프고 작은 어머니를 한 번도 내 가슴에 안아 본 적이 없다는 사실이다.**

내가 단 돈 100불을 들고 유학을 떠나던 전날 밤, 어머니는 내게 하얀 종이에 싼 태극기 한 장을 건네주셨다. 내가 유학을 떠나며 어머니에게 받은 선물은 '나라 사랑'이었다. "신은 자신이 있을 수 없는 곳에 어머니를 보냈다"는 말처럼 어머니는 눈물로 진주를 만드시는 분이다.

고난은 있어도 좌절이나 절망은 결코 허용하지 않으셨던 우리 어머니, 어렸을 때 나는 어머니라는 존재는 원래부터 그렇게 강한 존재인 줄로만 알았다. 어머니들은 모두 어머니라는 독특한 정체성을 갖고 살아가는 줄로만 알았다. 그러나 아니었다. 내가 어른이 되고 보니 어머니 역시 가녀린 한 인간일 뿐이었다. 다만 그 가녀린 인간을 '어미'로 만드는 것은 아마도 자녀에 대한 강한 집착과 사랑 때문이었을 것이다.

'어미'는 자식을 10개월간은 뱃속에, 3년간은 양팔에, 그리고 나머지는 죽는 날까지 가슴 속에 품고 다닌다. '어미'는 원래 존재하는 것이 아니다. 아이가 탄생하는 순간, 그때 '어미'도 태어난다.

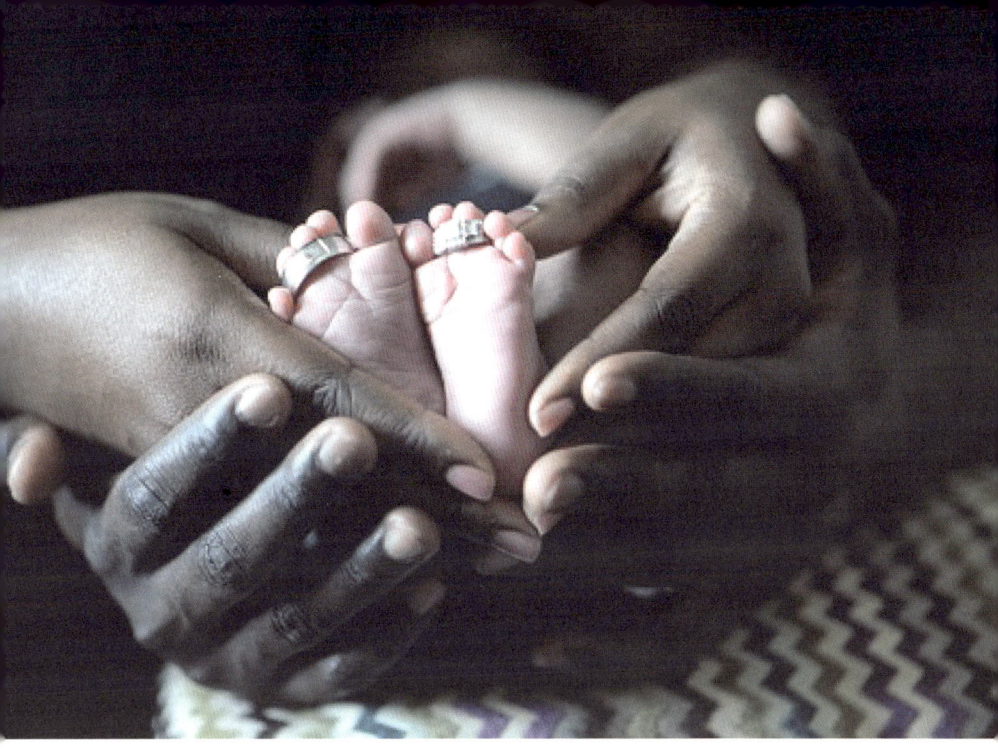

그대는 어머니를 안아 준 적이 있는가?

어머니의 두 손을 꼭 잡아준 적은 언제였는가?

어머니의 눈을 올곧게 바라본 적이 언제였는가?

그대, 참회의 괴로움을 감당하라.

더 늦기 전에 어머니에게 편지를 쓰고

그런 후에 꼭 안아주어라!

인간은 말보다 먼저
미소를 배운다

• • •

　높은 산을 오를 때보다 내려올 때 더 많은 것을 본다고 했던가! 일곱 살에 초등학교에 입학하고 난 후 70여 년의 세월을 학문에 정진해왔다. 하지만 생각해보면 '나'(단수)라는 한 개인은 단일한 형태의 삶을 살았던 것이 아니라 다양한 형태(복수)의 삶을 살아왔다. 한 가정의 자녀로, 가장으로, 학생으로, 군인으로, 과학자로, 신앙인으로, 사회인으로, 국민으로, 이제는 자연인으로 많은 사람과 부딪치고 소통하며 살아왔다.

　그렇다면 이렇게 다양한 형태의 삶을 살면서 한 인간으로서 나의 가치, 나의 꿈, 나의 감정, 나의 지식이란 무엇을 의미하는 것일까? 여기서 가장 중요한 것은 호모 사피엔스 Homo Sapiens라는 인간은 딱 한 종뿐이라는 사실이다. 만약 개나 원숭이 같이 인간이 여러 종으로 나뉘어져 있다면 인류의 삶은 어떻게 되었을까? 상상만 해도 끔찍한 일이다. 인간이 딱 하나의 종으로 존재한다는 사실은 자연의 가장 중요한 섭리이다.

포유류인 인간은 태어나면 마치 동물처럼 네 발로 기다가 일어나 걷기 시작하면서 '인간'으로 성장하기 시작한다. 시간을 인지하고 외부의 사물에 호기심을 갖고 관찰하기 시작한다. 인간이 태어나기 직전에 가지고 있던 305개의 뼈는 자라면서 206개로 줄어들고 비로소 완전한 인간으로서의 신체 구조를 형성한다.

인간은 가장 무지하게 태어나지만 멍청하게 태어나지는 않기에 호기심과 교육을 통해 인간으로 성장한다. 인간의 손과 입은 특정한 기능만 할 수 있도록 특화되지 않았기에 지구상의 어떤 동물보다 다양하게 손을 사용한다. 사실 인간이 손으로 만든 것들이 얼마나 많은가! 한국의 참새나 유럽, 북미, 아프리카의 참새들은 다 똑같은 소리를 낸다. 하지만 인간은 지역에 따라 서로 다른 언어를 가지고 있다. 글자가 다르고 문법이 다르며 언어의 음색과 억양도 다르다. 왜 그럴까?

모든 동물은 오랜 세월 동안 생존을 위해 변화와 진화를 거듭해왔다. 하지만 인간은 진화 대신 '학문'을 선택했다. 인간은 인간만이 가진 고유한 지혜인 시간 개념과 문자, 숫자를 이용해 미래를 예측하고 추론한다. 인간은 복잡한 감정 반응을 읽고 타인과 유대를 맺고자 하는 강한 심리적 충동을 지닌 사회적 동물이다. 이런 특성 때문에 과학을 포함해 수많은 학문을 만들고 이를 통해 인간 특유의 위치를 스스로 얻었다. 인간은 교육을 통해 정신적으로 진화해왔고 앞으로도 이러한 진화는 계속될 것이다.

질문하는 인간

인간은 울면서 태어났지만 태어난 다음에는 말보다 먼저 미소를 배운다. 인간은 바람을 피하지 않는 유일한 동물이다. 바람을 이용해 바다를 항해하고 전기를 만든다. 전쟁터에서는 바람을 이용해 승리하고 순풍보다 역풍이 불 때 연을 더 높이 날려 올릴 수 있다는 것을 안다. 벽을 눕혀 길을 만들고, 말보다 빨리 달리고 싶어 자동차를 개발하며, 새처럼 날고 싶어 비행기를 만든다. 이처럼 호기심으로 가득 찬 인간의 마음에는 언제나 '왜?'라는 질문이 놓여져 있다.

인간의 위대함과 비극이 바로 여기에 있다. 지구상의 모든 존재 가운데 '왜?'라고 묻는 존재는 오직 인간뿐이다. 인간은 땅보다 하늘을 더 많이 쳐다보는 존재이다. 등을 바닥에 대고 편안히 누워 하늘을 쳐다볼 수 있는 유일한 동물로서 하늘에서, 그리고 우주에서 꿈을 캐는 존재들이다.

인간은 '생각'과 '느낌'을 가진 존재로서 남의 생각과 감정을 읽을 줄 안다. 한 예로 인간이 손으로 어떤 것을 가리키면 인간은 그 방향을 쳐다보지만 다른 동물은 그 인간의 손을 바라본다. 인간은 약속을 하고 약속을 지키는 존재이다. 우리가 하는 많은 약속 가운데 가장 중요한 것은 자신과의 약속이다. 자신과의 약속은 그것을 지키지 않아도 아무도 탓하지 않지만 양심을 갖고 있고 스스로를 아낄 줄 아는 사람은 부끄러워할 줄 안다.

인간은 유한한 삶을 살면서 무한을 이야기한다. 이것이 인간만의 직관이고 역사를 선도하는 이유이다. 인간은 고칠 수 없는 불치병인 '희망'과 '사랑'과 '꿈'을 가지고 있다. 인간은 주변 사물에 이름을 지어주고 사물을 분류하며 주변 환경에 질서를 부여한다. 심지어는 보이지 않는 것, 예를 들면 다양한 개념과 소리에도 이름을 붙인다.

인간은 동시에 죽음이 불가피하다는 사실을 자각하는 유일한 종이다. 그렇기에 시간과 생명을 소중히 여기고 한정된 시간 속에서 의미 있는 삶을 살고자 노력한다. 이 아름다운 지구에서 지각이 있는 존재이자 생각하는 동물로서 살아가고 있다는 사실 그 자체만으로도 우리의 삶은 엄청난 특권이자 즐거운 모험이다.

인간의 생각은 미래의 '별'이 된다. 미래는 먼저 인간의 상상 속에 존재하고, 그 다음에는 의지 속에 존재하게 되며, 마침내는 현실 속으로 드러나게 된다. 이는 인간만이 가진 도전정신과 강한 경쟁심리 때문이다. 인간은 도전하고 도전 받을 때 최고의 모습을 보인다.

동물은 배가 부르면 사냥을 하지 않는다. 하지만 인간은 배가 불러도 사냥을 한다. 그 이유는 미래를 생각하기 때문이다. 미래를 대비해 사냥을 하는 것이다. 인간은 배만 부르다고 행복할 수 없는 존재이기 때문이다. 인간의 의지는 비록 현재를 희생하더라도 미래를 향해 살 것을 강요한다.

이처럼 인간은 끊임없이 질문하고 답하며 진화를 거듭하고 있다. 인간이 지금까지 계속해서 묻고 있는 것은 이런 의문들이다.

첫째, 과연 신은 존재하는가?
둘째, 우주는 유한한가, 무한한가?
셋째, 나는 누구인가?
넷째, 나는 무엇을 아는가?

인간은 이런 질문에 답하기 위해 끊임없이 노력하고 있으며 이것이 인간을 정신적으로 진화시키는 원동력이다. 삶이란 인간이 시간과 공간을 부여받는 것이다. 부여받은 시간과 공간을 어떻게 활용하는가의 문제는 인간 각자의 의지이고 몫이며 책임이다. 그래서 혹자는 우리의 삶은 명사가 아니고 동사라고 하지 않던가!

외로움은 혼자 있는 고통이고 고독은 혼자 있는 즐거움이라고 했다. 이 고독의 시간은 나 자신을 응시하고 성찰하고 사랑하는 시간이다. 인간은 자신만의 책상과 시간과 공간이 있어야 한다. 이것이 인간을 성장시킨다. 인간은 복잡하고 혼란스럽고 까다로운 존재이지만, 이런 계량할 수 없는 특성 때문에 비로소 인간이 된다.

창조를 남발하지 않으시는 하나님

. . .

다른 많은 생명체를 창조하신 후 끝으로 인간을 창조한 하나님은 몹시 기뻐하셨다. 하지만 그렇게 창조한 인간이 사는 모습을 본 하나님은 한탄을 하시고 가슴 아픈 결심을 하신다. 질투하실 줄 알고, 사랑하실 줄 아는 따뜻한 마음의 하나님이 자신이 창조한 인간을 모두 쓸어버려야 하는 그 마음의 고통을 생각해 보라.

"여호와께서 사람의 죄악이 세상에 가득함과 그의 마음으로 생각하는 모든 계획이 항상 악할 뿐임을 보시고 땅 위에 사람 지으셨음을 한탄하사 마음에 근심하시고 이르시되 내가 창조한 사람을 내가 지면에서 쓸어버리되 사람으로부터 가축과 기는 것과 공중의 새까지 그리하리니 이는 내가 그것들을 지었음을 한탄함이니라 하시니라"(창 6:5~7).

"그러나 너와는 내가 내 언약covenant을 세우리니 너는 네 아들들과 네 아내와 네 며느리들과 함께 그 방주ark로 들어가고 혈육 있는 모든 생물을 너는 각기 암수 한 쌍씩 방주로 이끌어들여 너와 함께 생명을 보존하게 하되"(창 6:18~19).

"노아Noah가 육백 세 되던 해 둘째 달 곧 그 달 열이렛날이라. 그 날에 큰 깊음의 샘들이 터지며 하늘의 창문floodgate들이 열려 사십 주야를 비가 땅에 쏟아졌더라"(창 7:11~12).

하나님은 40일간 밤낮으로 비를 내리고 지하수까지 터져 나오게 하여 높은 산을 포함해서 모든 땅이 물에 잠기도록 하여 지상의 모든 생명체를 쓸어blow out 버리셨다. 여름철에 폭우가 쏟아질 때 우리는 하늘에 구멍이 뚫렸거나 장대같은 비가 온다고 말한다. 만일 시간 당 100밀리미터의 폭우가 40일 동안 밤낮을 가리지 않고 온다면 놀랍게도 약 100미터의 비가 온 것이다.

여기에 지하에 묻혀 있던 엄청난 양의 지하수가 터져 나오고, 북극과 남극의 얼음까지 녹아 물이 되고, 또 달을 중심으로 태양계의 모든 별들이 일직선으로 정렬한다면 그 큰 중력의 힘으로 인해 초대형의 어마어마한 밀물과 썰물이 발생하게 된다. 이렇게 되면 지구상의 아무리 높은 산이라도 물 속에 잠길 수밖에 없을 것이다.

그렇다면, 지상의 모든 것을 깨끗이 쓸어버리고 다시 모든 것을 새롭게 창조하면 훨씬 깨끗하고 쉬울 텐데 하나님은 왜 노아의 가족만을 살려서 하나님의 언약을 세우려고 하셨을까? 하나님은 아마도 창조의 어려움과 중요성을 우리에게 알리기 위해 그렇게 하셨을 것이다. 즉, 하나님은 창조를 다시는 반복하지 않기 위해 그런 선택을 하셨을 것이라고 생각된다.

"육지에 있어 그 코에 생명의 기운의 숨이 있는 것은 다 죽었더라. 지면의 모든 생물을 쓸어버리시니 곧 사람과 가축과 기는 것과 공중의 새까지라. 이들은 땅에서 쓸어버림을 당하였으되 오직 노아와 그와 함께 방주에 있던 자들만 남았더라. 물이 백오십 일을 땅에 넘쳤더라"(창 7:22~24).

하나님의 언약과 신비의 무지개

영국의 유명한 자연파 시인 윌리엄 워즈워드William Wordsworth 는 자신의 시 '무지개'에서 무지개를 보고도 아름다움을 느끼지 못하면 살아 있는 것이 아니라고 했다. 비 온 후 하늘에 걸리는 무지개를 보고도 아름답다고 감탄하지 않을 사람이 있을까? 비가 개고 찬란한 햇빛과 함께 나타나는 무지개는 인간에게 아름다움과 희망을 준다. 그러나 무지개는 잡으려고 좇아가면 좇아갈수록 더욱 멀어지는 신기루 같은 것이기도 하다.

무지개는 하늘에 수많은 물방울과 햇빛만 있으면 볼 수 있는 것인데 노아의 홍수 이후로 나타난 것일까? 분명히 창세기의 넷째 날부터는 태양이 비추고 비가 오는 날도 많아 무지개가 생길 수 있는 여건이 많았을 텐데 하나님은 처음으로 노아에게 무지개를 보여주면서 언약의 증거로 삼으셨을까? 하나님은 아마도 빛을 창조하신 능력으로 홍수 이후에 노아에게 언약과 함께 보여주려고 기다렸을 것이라는 생각이 든다.

"하나님이 이르시되 내가 나와 너희와 및 너희와 함께 하는 모든 생물 사이에 대대로 영원히 세우는 언약의 증거는 이것이니라. 내가 내 무지개My bow를 구름 속에 두었나니 이것이 나와 세상 사이의 언약의 증거니라. 내가 구름으로 땅을 덮을 때에 무지개가 구름 속에 나타나면 내가 나와 너희와 및 육체를 가진 모든 생물 사이의 내 언약을 기억하리니 다시는 물이 모든 육체를 멸하는 홍수가 되지 아니할지라. 무지개가 구름 사이에 있으리니 내가 보고 나 하나님과 모든 육체를 가진 땅의 모든 생물 사이의 영원한 언약을 기억하리라"(창 9:12~16).

무지개는 옛날부터 과학자들에게는 경이롭고 환상적인 연구의 대상이었다. 11세기 광학의 아버지라고 불리는 이븐 알 하이삼[Ibn al-Haytham부터 르네 데카르트Rene Descarte를 거쳐 뉴턴Newton에 이르기까지 많은 과학자들이 무지개 현상을 연구해왔다. 이들은 천여 년에 걸쳐 무지개의 원인을 설명하려고 노력해왔지만 18세기 초 뉴턴에 이르러서야 그 원인이 밝혀졌다.

뉴턴은 우리가 보는 흰 빛은 모든 색깔의 빛이 모여서 만들어진 것이라는 사실을 밝혔고[1], 그 흰 빛을 프리즘으로 굴절시키면 여러 성분의 빛으로 나눌 수 있다는 것을 알아냈다. 또한 물 이외에도 많은 물질들이 빛을 굴절시킨다는 사실도 알아냈다.

무지개는 자연에서 나타나는 거대한 무지개가 있는가 하면 인공적으로 만들 수 있는 작은 무지개도 있다. 이러한 무지개가 생길 수 있는 조건은 세 가지다. 첫째, 태양이 우리의 뒤에 있어야 한다. 둘째, 우리 앞쪽의 하늘에 수많은 물방울들이 떠 있어야 한다. 셋째, 이 물방울들에 태양빛이 곧장 비쳐져야 한다.

이 세 가지 조건이 갖추어지면 햇빛이 물방울 속으로 들어가 굴절되고 반사되어 다시 굴절되어 나오면 그 방향은 처음 들어간 방향과 반대가 된다, 굴절 정도는 파장이 큰 빨강색이 가장 작고 보라색이 가장 크기 때문에 무지개에서 파란 띠는 언제나 빨간 띠보

---

[1] 빛과 달리 물감은 모든 색을 합치면 검은색이 된다.

다 안쪽(아래쪽)에 자리 잡는다.[2] 이렇게 무지개의 크기는 물론이고 색깔의 위치가 정반대인 무지개도 있다니 참으로 신기할 뿐이다. 앞으로 무지개를 관찰할 때 참고하기 바란다.

무지개를 볼 때 금기사항이 하나 있다, 선글라스(색안경)를 쓰면 무지개를 볼 수 없다. 왜 그럴까? 무지개에서 나오는 빛은 거의 완전한 편광[3]인데, 이 편광이 무지개를 만드는 가장 중요한 조건이다. 무지개가 편광에 의해서 만들어진다는 점이 신비로운 자연 현상인데, 선글라스가 하는 일 역시 편광을 만드는 일이다. 그러니 선글라스를 쓰고 무지개를 보면 무지개가 보이지 않는 것이다.

하나님이 '내 무지개'My bow를 구름[4] 속에 두고 인간과 언약의 증거로 삼은 이유는 과학자들이 천여 년이란 긴 세월 동안 연구할 만큼 신비로운 현상이라는 점과 지구 어느 곳에서나 볼 수 있기 때문일 것이라고 생각한다.

---

[2] 참고로 제2의 무지개가 있는데, 이는 정반대로 안쪽이 빨간색이고 바깥쪽이 파란색이다. 이는 빛이 물방울에 들어와서 2번 반사하는 빛으로 만들어지기 때문인데, 순서가 처음 무지개의 반대로 된다.

[3] 진행방향에 수직한 임의의 평면에서 전기장의 방향이 일정한 빛을 편광polarized light이라고 한다. 1809년 E. L. 말뤼스가 발견했다.

[4] 구름은 80여 종류가 있지만 기본적으로 작은 물방울로 되어 있다.

또 하나의 언약

무지개를 세워 인간과 언약을 맺은 하나님이 세운 또 하나의 언약이 있다. 그것은 소금이다.

"이스라엘 자손이 여호와께 거제로 드리는 모든 성물은 내가 영구한 몫의 음식으로 너와 네 자녀에게 주노니 이는 여호와 앞에 너와 네 후손에게 영원한 소금 언약이니라"(민 18:19).
"네 모든 소제물에 소금을 치라 네 하나님의 언약의 소금을 네 소제에 빼지 못할지니 네 모든 예물에 소금을 드릴지니라"(레 2:13).
"이스라엘 하나님 여호와께서 소금 언약으로 이스라엘 나라를 영원히 다윗과 그의 자손에게 주신 것을 너희가 알 것 아니냐"(대하 13:5).

무지개와 소금을 비교해보면 참으로 재미있다. 무지개는 물방울과 빛이 만드는 자연의 신비로 인간에게 희망을 준다. 비 온 후 하늘에 펼쳐져 있는 무지개를 보고 탄성을 발하지 않을 사람이 있을까? 무지개는 지구에서만 볼 수 있는 것으로 영원히 우리와 함께 할 것이다.

그럼 소금은 어떠한가? 우선 소금은 나트륨^{Na}(혹은 소디움)과 염소 ^{Cl} 한 개씩이 서로 만나 'NaCl'라는 화합물을 만드는데, 나트륨과 염소는 모두 홀로 있을 때는 굉장히 유독하고 위험한 물질이다.

그런데 이 둘이 만나 만들어진 소금은 인간이 가장 많이 사용하는 양념이고 살아가는데 없어서는 안 될 중요한 물질이다. 아마도 지구상에서 소금 없이 살아 갈 수 있는 동물은 거의 없을 것이다. 소금은 우리 인체에서 전체 수분의 약 0.9퍼센트 정도 포함되어 있는데, 음식의 맛은 물론이고 소금 자체가 플러스/마이너스 전기를 띠고 있어 신진대사와 혈액 순환에 대단히 중요한 역할을 한다.

  이처럼 어떤 경우에도 그 짠 맛을 잃지 않고 생존의 필수 요소인 소금과의 언약은 우리 스스로 체험하고 경험할 수 있는 언약이기에 우리에게 확실한 믿음을 주는 것이 아닐까? 하나는 손에 잡히지 않는 것으로, 또 다른 하나는 우리가 매일 쉽게 체험할 수 있는 것으로 언약을 하신 하나님의 따뜻한 배려에 감사할 뿐이다.

인간, 슈퍼스타

...

하나님의 사랑의 대상이자 질투의 대상이고 심지어는 근심과 한탄의 대상이기도 한 인간, 이 인간이란 무엇일까?

인간은 동물과 달리 영원을 사모할 줄 아는 마음을 갖고 있으며 하나님과 교감할 수 있는 시간 개념과 시간을 효율적으로 사용할 줄 아는 특별한 지혜를 지니고 있다. 또 문자를 사용하고 언어를 발달시켰으며 숫자를 사용하고 셈을 할 줄 아는 특별한 능력을 갖고 있다.

다양한 피조물 가운데 인간만이 하나님과 소통할 수 있는 이유는 무엇일까? 이는 인간이 두 발로 서서 앞, 혹은 위를 보고 걸으며 지평선, 혹은 수평선 넘어 보이지 않는 미지의 세계, 더 나아가 무한의 세계를 상상하고 동경할 줄 알기 때문이다. 이런 무한 개념은 인간이 던지는 모든 근본적인 질문의 중심에 놓여 있다. 이처럼 인간만이 무한을 생각하고 상상할 줄 아는 능력을 가졌기에 무한한 존재인 하나님과 소통하고 교감할 수 있는 것이다.

대부분의 동물은 엎드려 땅을 보지만 인간은 직립보행을 하기에 앞을 보고 하늘을 본다. 시간 개념이 있어 먼 미래를 생각하고 꿈 꿀 수 있는 축복을 받았다. 큰 두뇌를 어깨가 안정적으로 떠받들고 있어 네 발로 걷는 침팬지가 쓰는 에너지의 25퍼센트 밖에 쓰지 않으면서도[1] 두 손을 자유롭게 활용할 수 있다. 다른 네 손가락과 함께 엄지손가락을 자유롭게 사용할 수 있는 동물도 인간밖에 없다.

동시에 인간은 불을 사용할 줄 아는 특별한 능력을 갖고 있다. 음식을 불로 익혀 먹음으로써 음식물을 쉽게 소화 흡수하고, 작은 소화기관을 갖고 있는 탓에 음식을 소화하는데 필요한 에너지가 다른 동물에 비해 10퍼센트 정도 적게 든다. 이렇게 소화에 필요한 에너지를 다른 방향으로 돌려 뇌의 성장이나 사고하는데 쓸 수 있기에 인간을 '생각하는 갈대'라고 부른 것이 아닐까? 날것을 그대로 섭취하는 동물들은 깨어 있는 시간의 절반을 오직 씹는데 사용함으로써 사냥 이외에는 다른 것을 생각할 여유가 없다.

우리가 만약 네 발로 걷는다고 상상해보자. 땅을 쳐다보고 걸으면 머리를 들고 가는 데 얼마나 많은 에너지가 소비되겠는가? 인간이 모든 생명체 가운데 으뜸이 될 수 있는 조건은 두 다리로 똑

---

[1] 인간은 자신의 체중의 2퍼센트에 해당하는 큰 뇌를 갖고 있다. 이처럼 큰 뇌를 갖고 있으면서도 활동에 무리가 없는 것은 인간이 직립보행을 하기 때문이다. 머리를 받치는데 많은 에너지를 사용하지 않기 때문에 다른 동물에 비해 더 많은 에너지를 창의적인 생각에 투입할 수 있다.

바로 걸을 수 있다는 사실이다. 특히 인간의 손은 특정한 기능을 수행할 수 있도록 특화되어 있지 않기 때문에 역으로 무엇이든 할 수 있다. 어떤 동물도 인간 같이 손을 자유자재로 사용하는 동물은 없다.

더 나아가 인간의 입은 특화되지 않았기 때문에 수많은 언어를 구사할 수 있는 능력을 가지고 있다. 대부분의 새들은 그것이 한국의 참새든, 미국의 참새든, 아프리카의 참새든 모두 다 똑같은 소리를 낸다. 하지만 인간만은 놀랍게도 지역에 따라 다른 음색과 억양, 언어를 갖고 있다. 그래서 기후나 환경에 따라 고유한 문화를 이루어 가면서 수많은 신도 만들고 섬기며 살아왔다.

동물은 단순해서 배만 부르면 행복하다. 그래서 인간처럼 미래를 생각하지도 않고 죽음에 대한 공포도 없다. 하지만 인간은 우주와 연관된 시간 개념을 갖고 있기에 미래와 죽음에 대한 공포를 갖고 있다. 인간은 영원한 삶과 세계를 소망하지만 무한하고 영원하며 전지전능한 신을 발견하지 못하는 한, 죽음에 대한 공포와 허무감으로부터 결코 자유로워질 수 없다. 인간의 육체는 죽을 수밖에 없고 그로 인한 무력감은 숙명적인 것이기 때문이다. 우리는 모두 태어나고 병들어 늙어 죽는다는 고통Birth–Living–Disease–Death을 숙명적으로 걸머진 존재들이다.

시인은 숨 쉬는 법을 언어로 표현하는 존재이다. 이들은 바람에 색깔을 칠하고, 세상을 읽으며, 하늘의 섭리를 인간에게, 인간의 애환은 하늘에 전달하는 메신저이다.

문학의 본질은 시간과 공간을 초월하는 대화이다. 그렇기에 여름은 봄으로부터 오는 것이 아니라 '초록의 전율'로부터 온다. 무지개는 먼저 대지에 생명의 물을 뿌린 후에 찬란한 빛깔을 내고, 가을의 풍요는 낙엽의 고통을 바탕으로 한다.

세상에서 가장 큰 즐거움은 내가 인간으로 태어났다는 사실이다. 인간으로 태어났기에 외로움은 홀로 있는 고통이고 고독은 홀로 있는 즐거움이 된다. 고통을 넘어서면 치유의 기쁨이 있는 것을 알기에 자신의 몸에 주사바늘과 메스를 깊숙이 꽂는다.

위대한 희망과 꿈과 사랑은 결코 얼지 않는다.

우리의 인생이 살만한 가치가 있는 이유는 거기에 정해진 답이 없기 때문이다.

지구의 공전 주기는 365일이고
태양의 공전 주기는 무려 2억년에 달한다
지구의 공전 궤도는 겨울보다는 오히려 여름에
태양으로부터 더 멀리 떨어져 있다.
그런데도 여름이 더 더운 것은 지구의 중심축이
약간 기울어져 있기 때문이다
놀라운 자연의 신비이다.

웅대한 서사시, 창세기

제4장

미래의 묵시록,
그 어둡고
불안한 시간들

이마의 표식과
제2의 바벨탑

하나님이 성경을 통해 보여주신 우리 인류의 미래사는 어떤 것일까? 이제부터는 그 부분을 살펴보고자 한다. 먼저 찬송가 한 편 소개한다. 이 찬송은 내가 가장 좋아하고 즐겨 부르는 찬송이다.

주 하나님 지으신 모든 세계

주 하나님 지으신 모든 세계 내 마음속에 그리어 볼 때
하늘의 별 울려 퍼지는 뇌성 주님의 권능 우주에 찼네

숲 속이나 험한 산골짝에서 지저귀는 저 새 소리들과
고요하게 흐르는 시냇물은 주님의 솜씨 노래하도다

주 하나님 독생자 아낌없이 우리를 위해 보내 주셨네

십자가에 피 흘려 죽으신 주 내 모든 죄를 구속하셨네

내 주 예수 세상에 다시 올 때 저 천국으로 날 인도하리
나 겸손히 엎드려 경배하며 영원히 주를 찬양하리라

(후렴)
주님의 높고 위대하심을 내 영혼이 찬양하네
주님의 높고 위대하심을 내 영혼이 찬양하네

이 찬송에서 1절에서 3절까지를 지금까지 이루어진 우주와 지구의 역사라고 하면 마지막 절은 약속된 예수님의 재림을 노래한 것이다. 그럼 이 찬송에 쓰여진 대로 예수님의 재림이 이루어지기까지 앞으로 어떤 일들이 일어날 것인가? 그 내용을 한번 살펴보자. 먼저, 무선전화기!

요즘 어린아이부터 어른에 이르기까지 일상생활에서 가장 많이 사용하는 것이 무엇이냐 하면 단연코 무선전화기cell phone일 것이다. 기차에서, 전철에서, 버스에서, 길거리에서 어디서나 사람들이 들여다보고 있는 것은 무선전화기의 액정화면이다.

전자통신기술의 총아라고 할 수 있는 무선전화기는 통신서비스, 금융 업무, 일기예보, 병원 업무, 주택 관리, 길 안내, 위치 추적,

수학적 계산, 도서관(책), 심지어는 예술 장르까지도 포괄할 수 있는 그야말로 만능기기이다. 그래서 무선전화기의 대중화 시대를 만든 스티브 잡스Steve Jobs를 "인간의 손 안에 세계를 쥐어 준 사람"이라고 평가한다.

> "그 오른손에나 이마에 표를 받게 하고 누구든지 이 표를 가진 자 외에는 매매를 못하게 하니 이 표는 곧 짐승의 이름이나 그 이름의 수라. 지혜가 여기 있으니 총명한 자는 그 짐승의 수를 세어 보라. 그것은 사람의 수니 그의 수는 육백육십육이니라"(계 13:16~18).

1980년대 초 내가 메어리 렐프[1]의 책 『세계정부와 666』, 그리고 『세계 독재자와 666』(문진당)을 번역해 내놓았을 때, 일부 금융인을 제외하고 대부분의 사람들은 그 내용을 잘 이해하지 못하겠다는 표정들이었다. 그러나 얼마 후 바코드 찍힌 물건들이 빠르게 수퍼마켓 진열대를 장식하는 모습을 보고는 세계가 빠르게 변화하고 있음을 깨닫게 되었다.

컴퓨터의 발전 속도는 우리 같이 첨단 연구를 하는 과학자들도 따라 잡기 어려울 정도로 눈부시다. 컴퓨터의 가장 중요한 목적은 시간과의 싸움을 위한 빠른 계산과 정보의 저장이지만, 사회문화적으로도 엄청난 변화를 일으키고 있다. 가령, 신용카드credit card

---

[1] Mary S. Relfe, 1930~2100.

를 한 예로 들 수 있다. 과거에는 모든 범죄의 원인이 현금이기 때문에 현금 없는 cashless 사회가 되면 범죄가 급격히 감소할 것이라는 생각에서 신용카드 시대를 서둘렀다.

그러나 카드의 분실은 또 다른 문제를 만들었고, 게다가 얼마든지 남의 카드를 위조해 사용할 수 있어서 이는 완전한 해결책이 아니라는 것을 알게 되었다. 아마도 이에 대한 유일하고 완전한 해결책이라면 성경에 기록된 것처럼 사람의 오른손이나 이마에 바코드를 심는 것일 것이다.

놀라운 것은 컴퓨터가 세상에 나온 것이 100년도 채 안 되었는데, 2,000년 전에 기록된 성경에 이러한 내용이 묘사된 것을 어떻게 이해하고 설명해야 할까? 과연 현금 없는 사회란 무엇을 의미하는가? 이는 지구상의 모든 사람의 재산을 포함해서 모든 정보를 다 한 컴퓨터에 입력시켜 통제하는 것을 의미한다. 국가나 국경을 초월하는 거대한 하나의 힘에 의해 세계 경제는 물론이고 정치까지 마음대로 조종하고 통제 할 수 있음을 뜻한다.

이처럼 컴퓨터에 의해 전 세계가 하나의 경제권으로 통합되는 것은 무엇을 의미하는가? 결국은 하나님이 가장 싫어하는 제2의 바벨탑을 쌓는 것이 아닐까?

"또 황충이 연기 가운데로부터 땅 위에 나오매 그들이 땅에 있는 전갈의 권세와 같은 권세를 받았더라. 그들에게 이르시되 땅의 풀이나 푸른 것이나 각종 수목은 해하지 말고 오직 이마에 하나님의 인침을 받지 아니한 사람들만 해하라 하시더라. 그러나 그들을 죽이지는 못하게 하시고 다섯 달 동안 괴롭게만 하게 하시는데 그 괴롭게 함은 전갈이 사람을 쏠 때에 괴롭게 함과 같더라. 그 날에는 사람들이 죽기를 구하여도 죽지 못하고 죽고 싶으나 죽음이 그들을 피하리로다"(계 9:3~6).

참으로 놀랍고 무서운 기록이다. 다섯 달 동안의 무서운 고통으로 죽고 싶어도 죽을 수 없는 인간의 운명은 무엇을 의미하는가? 이는 인간의 생명은 하나님에 의해서 지음을 받았기에 모든 사람의 수명은 하나님의 뜻에 따른다는 것이다. 또한 황충은 풀이나 나뭇잎을 먹고 사는 메뚜기인데, 이 메뚜기가 전갈 같은 독을 가지고 있으면서 풀이나 수목은 전혀 해하지 않고 하나님의 인을 맞지 않은 사람만 해한다는 것은 어떤 의미일까?

"여러 종류의 짐승과 새와 벌레와 바다의 생물은 다 사람이 길들일 수 있고 길들여 왔거니와 혀는 능히 길들일 사람이 없나니 쉬지 아니하는 악이요 죽이는 독이 가득한 것이라"(약 3:7~8).

위의 말씀을 보면 인간의 혀가 무섭기는 무서운 모양이다. 그 어느 누구도 길들일 수 없는 인간의 혀! 본문에는 다양한 종류의 생물을 길들일 수 있다고 나오는데, 현대 과학의 총아인 유전공학을 이용하면 앞으로 얼마든지 동물을 인간의 마음대로 길들일 수 있다고 한다. 심지어는 곤충도 길들일 수 있다고 하는데, 인을 맞지 않은 사람만 해치도록 길들여진 황충을 만드는 것도 쉬운 일이라고 생각한다. 우리가 앞으로 '표'mark를 받을 것인지, 아니면 하나님의 '인'The seal of God을 받을 것인지는 전적으로 우리의 선택에 달려 있다. 당신은 어느 쪽을 선택하겠는가?

성경 속의 '불', 핵무기

1980년대 초 나는 프랑스의 원자력 관련 연구소에서 3개월간 연수를 받았다. 연수를 받는 동안 주말에는 기차를 타고 여행을 하면서 원자력 강국으로서 풍요로운 삶을 사는 프랑스인들의 모습을 보고 참으로 부러웠다.

기차 여행을 계속하던 어느 날, 나는 야간열차에서 성경을 읽다가 정말로 놀라운 기록에 접했다. 2,500년 전 이를 기록한 선지자는 그 내용을 보면서 어떤 생각을 했을 지가 나는 무척이나 궁금했다. 그리고 현대 물리학, 특히 원자력이란 학문이 없었으면 그 내용에 대한 이해는 영원히 하지 못했을 것이라는 생각을 하면서 원자력 분야에서 연구생활을 하는 것이 자랑스럽기까지 했다.

"그들이 사람을 택하여 그 땅에 늘 순행하며 매장할 사람과 더불어 지면에 남아 있는 시체를 매장하여 그 땅을 정결하게 할 것이라. 일곱 달 후에 그들이 살펴 보되 지나가는 사람들이 그 땅으로 지나가다가 사람의 뼈를 보면 그 곁에 푯말을 세워 매장하는 사람에게 가서 하몬곡 골짜기에 매장하게 할 것이요 성읍의 이름도 하모나라 하리라. 그들이 이같이 그 땅을 정결하게 하리라"(겔 39:14~16).

이 말씀은 핵전쟁 후의 장례 모습을 너무나도 정확하게 기록하고 있다. 아마도 지금으로부터 100년 전만 해도 이 내용을 이해할 수 있는 사람은 없었을 것이다. 일단 핵전쟁이 일어나면 주변 가까이 있는 동물들은 방사성 물질을 흡입하게 되고, 동시에 많은 방사선에 피복될 것이다. 그래서 상당 시간 동안 출입이 통제될 것이다. 따라서 기록된 대로 7개월 후에 순행하는 자가 뼈를 보면 표시만 하며 지나가고 특수 복장을 한 장사팀이 사람이 살지 않는 골짜기에 장사하는 것이다.

방사선에 피폭되어 죽은 사체의 살은 썩어 분해되어 없어지지만 아직도 방사선을 가지고 있는 뼈는 남아 있을 것이다. 방사선 물질에 오염된 뼈는 일반 질병과 달라 화장을 해도 제거되지 않기 때문에 사람들이 접근할 수 없는 곳에 반드시 매장해야 한다. 나에게는 이 기록의 모습이 너무나도 선명하게 떠올라 놀라울 뿐이다.

이와 관련해 다음 글은 원자력과 관련이 있는 것이 아닐까 싶다.

"이로 말미암아 그 때에 세상은 물이 넘침으로 멸망하였으되 이제 하늘과 땅은 그 동일한 말씀으로 불사르기 위하여 보호하신 바 되어 경건하지 아니한 사람들의 심판과 멸망의 날까지 보존하여 두신 것이니라"(벧후 3:6~7).

결코 식언(민 23:19)하지 않으시는 하나님의 무서운 경고를 이 시대를 사는 우리는 어떻게 해석해야 할까?

"그러나 주의 날이 도둑 같이 오리니 그 날에는 하늘이 큰 소리로 떠나가고 물질elements이 뜨거운 불에 풀어지고 땅과 그 중에 있는 모든 일이 드러나리로다. 이 모든 것이 이렇게 풀어지리니 너희가 어떠한 사람이 되어야 마땅하냐"(벧후 3:10~11).

창세기에 기록된 물의 심판(7:22~24)은 지구상의 많은 물을 생각하면 쉽게 이해가 되지만, 베드로후서에 약속된 불의 심판은 이해하기 쉽지 않다. 왜냐하면 지구상의 모든 화석 에너지(석탄, 석유, 천연가스 등)를 한꺼번에 이용한다 하더라도, 물의 심판 때와 같이 모든 것을 쓸어버리는 것은 어려울 것이라 생각되기 때문이다.

그렇다고 하나님이 창조력을 다시 발휘해 심판에 필요한 불을 새롭게 만들지는 않을 것이라 생각된다. 하나님은 인간의 창조를 끝으로 더 이상은 창조력을 남용하지 않을 것이라 생각되기 때문이다. 그러면 앞의 말씀 속의 '불'은 어디서 올까? 바로 인간들이 그동안 만들어 쌓아 놓은 핵무기Nuclear weapons가 아닐까 생각한다.

한때는 지구상에 10만 개 이상의 핵무기가 있었지만, 그동안 미국과 구 소비에트의 핵무기 감축 노력으로 지금은 약 2만5천 개의 핵무기가 남아 있다. 만일 이렇게 많은 핵무기가 한꺼번에 폭발한다면 그 재앙은 상상을 초월할 것이다.

우선 지구상에서 이루어졌던 가장 큰 핵실험을 살펴보자.

1961년 구 소비에트연방 북쪽에 있던 노바야 젬랴 섬Novaya Zemlya Island 4,000미터 상공에서는 인류 최대의 수소폭탄 실험이 행해졌다. 이 실험의 폭발 위력은 50메가톤으로 이는 폭약 500억 킬로그램의 폭발력에 해당한다.

실험의 결과를 보면, 폭발 시 구름기둥mushroom이 64킬로미터 상공까지 올라갔으며,² 구름이 많았던 날임에도 불구하고 폭발 섬광flash light이 1,000킬로미터 밖에서도 관찰되었고 그 열기thermal pulse는 270킬로미터 떨어진 곳에서도 감지되었다.

아울러 폭발로 인한 대기권의 요동atmospheric disturbance은 지구를 세 바퀴 돌 정도로 강력했고 전 세계 라디오 통신이 한 시간 동안 방해를 받았다. 실험을 촬영했던 관계자들의 말은 이 실험이 어느 정도로 가공할만한 것이었는지를 생생하게 증언한다.

"그 폭발은 마치 지구를 삼켜 버리는 것만 같았다. 마침내 지구가 멸망하는 것 같았다."

만일 지구상의 핵무기가 하나님이 인류를 심판하기 위해서 쓰는 성경 속의 불fire이라면, 그래서 모든 핵무기가 한꺼번에 폭발한다면 지구는 어떻게 될까?

지구상의 모든 가연성 물질이 다 타버려 먼지가 되고 수증기와 함께 지구 대기권을 꽉 채워서 수년 동안 태양열을 완전히 차단하게 될 것이다. 그러면 핵겨울nuclear winter이 도래하여 지구는 생명체가 도저히 살 수 없는 얼음의 땅이 될 것이다. 지구상의 가장 추운 곳은 겨울이면 영하 70도까지 내려간다. 하지만 핵겨울이 닥치면 수년 동안 영하 70도의 기온이 계속될 텐데 인간의 생존이 가능하겠는가? 노아의 홍수 때는 단 일 년이었지만 불의 심판은 엄청나게 길 것이며 그 충격은 수백 배 클 것이다.

---

2   일반적으로 여객기의 비행은 지상 10킬로미터 상공에서 이루어진다.

분명 하나님의 두 번째 심판은 첫 번째 심판보다 훨씬 크고 가혹할 것이다. 여기서 안타깝고 역설적인 것은 만약 핵무기로 심판을 받는다면 인간은 "자신이 만든 도끼로 제 발등을 찍는 격"이 된다는 것이다. 이렇게 스스로 자초한 화를 받아야 한다면 앞으로 우리는 어떤 삶을 살아야 할까? 그 해답이 이 말씀이다.

> "이 모든 것이 이렇게 풀어지리니 너희가 어떠한 사람이 되어야 마땅하냐 거룩한 행실과 경건함으로"(벧후 3:11).

불의 심판으로 종말이 다가오면 인간은 살아남기 위해 모든 방법을 다 동원할 것이다. 그나마 인간이 택할 수 있는 최선의 방법이 있다면 바위 속 깊숙이 동굴을 파고 들어가거나 우주선을 타고 지구를 떠나는 것이다. 실제로 많은 나라의 부자들은 핵전쟁에 대비해 깊이 굴을 파고 식량과 물을 저장하거나, 방사성 낙진으로부터 보호받기 위해 고성능 여과기HEPA filter를 부착한 공기 정화기까지 설치한다고 한다. 하지만 부질없는 짓이다.

> "너의 마음의 교만이 너를 속였도다. 바위 틈에 거주하며 높은 곳에 사는 자여 네가 마음에 이르기를 누가 능히 나를 땅에 끌어내리겠느냐 하니 네가 독수리처럼 높이 오르며 별 사이에 깃들일지라도 내가 거기에서 너를 끌어내리리라. 여호와의 말씀이니라"(옵 1:3~4).

전 인류가 핵무기 확산을 막고
핵무기 감축을 위해 노력해야 하는 이유가
여기에 있다.

나는 오래전 미국 육군사관학교 출신 장교 한 명에게 성경의 이 말씀을 소개했다. 그랬더니 그는 깜짝 놀라는 것이었다. 그 이유는 미국 우주인들의 유니폼에는 미국의 상징인 독수리가 그려져 있기 때문이라는 것이었다. 그러면서 그는 새삼 성경의 말씀이 진실이라는 것을 믿게 되었다고 말했다.

인간이 아무리 발버둥치고 과학기술을 동원해도 우리가 숨을 곳은 없다. 우주 어느 곳에 숨어 있어도 끌어 내리겠다고 하신 하나님의 약속을 마음에 새기자. 시간과 공간을 창조하신 하나님께서 별 사이에 숨어 있다고 해서 끌어 내지 못하시겠는가?

과학의 비약적인 발달은 가공할만한 핵무기를 탄생시켰는데, 역설적인 것은 핵무기의 원리가 하나님이 빛으로 우주를 창조한 원리($E = mc^2$)와 같다는 것이다. 인간은 우주 창조의 원리를 이용해 자신을 멸망시킬 수 있는 살상 무기를 개발하고, 그것도 모자라서 소리도 없이 많은 인명을 살상할 수 있는 화학 무기와 생화학bio-bomb 무기까지 개발을 했으니 인간의 욕망은 그 끝이 어디인가?

> "예루살렘을 친 모든 백성에게 여호와께서 내리실 재앙은 이러하니 곧 섰을 때에 그들의 살이 썩rot으며 그들의 눈동자가 눈구멍sockets 속에서 썩으며 그들의 혀가 입 속에서 썩을 것이요 그 날에 여호와께서 그들을 크게 요란하게 하시리니 피차 손으로 붙잡으며 피차 손을 들어 칠 것이며"(슥 14:12~13).

화학 무기와 생화학 무기는 소리도 없이 공기와 함께 자유롭게 떠다니면서 인체의 수분이 있는 부위(눈, 혀)에 접촉되면 그 부위를 빠른 속도로 썩게 해 사망에 이르게 한다. 얼마나 독성이 강하면 아주 짧은 시간에 살이 썩고, 눈동자가 눈구멍 속에서 썩으며, 혀가 입 속에서 썩는다는 말인가?

생화학 무기는 종류가 많지만, 가령 '수포 작용제' 같은 경우는 피부에 접촉되는 순간 불에 덴 것 같은 통증과 함께 엄청난 크기의 물집이 생기고, 이를 호흡하면 순식간에 폐에 물이 차게 만들어 사람을 죽인다. 참고로 화학 무기나 생화학 무기는 공기보다 두 배 이상 무겁기 때문에 절대로 낮은 곳으로 피하면 안 된다. 이때는 사람보다 더 민감한 동물이나 곤충들의 움직임을 보고 대처하는 것이 좋다고 한다.

두 번째 심판과 핵무기

...

태양계의 수명이 50억 년쯤 남았다고 한다. 물리계에는 영원한 것이 있을 수 없다. 성경에는 인류의 종말에 대한 경고가 있다. 그 첫 번째가 물을 이용한 심판이다(창 6:7, 8:21). 그리고 두 번째는 아마도 불에 의한 심판이 될 것이다(벧후 3:7, 10).

여기서 우리는 두 가지 심판에 사용된 방법에 주목할 필요가 있다. 첫 번째는 물이고 두 번째가 불이다. 물은 자연에 존재하는 가장 흔한 물질인데, 그렇다면 '불'은 무엇일까? 현재 지구상에 존재하는 화석 연료로는 완전한 심판이 불가능하다. 따라서 원자력을 공부한 사람으로서 생각할 수 있는 것이 현재 지구상에 존재하는 2만여 기의 핵무기가 아닐까 생각한다. 인류가 핵무기를 완전히 없애야 하는 이유이다.

하지만 나는 반평생을 원자력인으로 살면서 원자력의 두 얼굴, 즉 청정 에너지와 핵무기라는 두 개의 얼굴을 보았다. 이 두 개의 얼굴 가운데 나는 원자력을 에너지로만 활용해야 한다고 생각했다. 인류의 석유문명이 가져온 결과는 이산화탄소의 대량 방출이었다. 그것은 인류의 생존을 위협하는 기후 변화라는 대재앙으로 연결될 수 있고 따라서 국제적인 협력을 통해 청정 에너지인 원자력 이용으로 방향을 돌려야 한다.

물의 심판은 창조주가 자연에 존재하는 물질로 완성했다면, 불의 심판은 역설적으로, 아니 불행하게도 인간 스스로가 과학을 통해 이룬 성과물로 이루어진다면 이를 어떻게 설명해야 할까? 인간이 스스로 자기 무덤을 파는 어리석음을 범한 것이 아닌가? 처음은 자연물에 의해, 두 번째는 인간이 인위적으로 만든 결과물에 의해 인류가 종말을 맞이한다면 우리는 인류의 가치를 어떻게 해석할 수 있을까?

미국의 원자력과학자회는 매년 1월 '지구종말시계'Doomsday Clock를 통해 핵전쟁의 위험 정도를 알리고 있다. 이 시계가 0시에 이르면 인류가 핵무기로 인해 멸망할 수 있다는 뜻이다. 이 시계가 만들어진 1947년 지구종말시계는 오후 11시 53분(7분전)이었다. 이후 1953년 미국과 구 소련이 수소폭탄 실험에 열을 올리고 있었을 때는 오후 11시 58분(2분전), 냉전이 끝난 1997년에는 오후 11시 43분이었다가(17분전), 최근 동남아에서의 긴장과 북한 핵실험 등으로 2017년 초 현재 시간은 오후 11시 57분 30초이다. 0시까지 불과 2분 30초가 남았다.

1961년 구 소련에서는 인류 역사상 가장 큰 수소폭탄 실험을 했다. 한 개의 위력이 50메가톤megaton으로, TNT로 환산하면 500억 킬로그램이다. 지구상에 사는 모든 개인당 10킬로그램의 폭약을 가지고 있는 것에 해당한다. 일본에 투하된 두 개의 핵무기를 포함해서 2차 세계대전에 사용된 모든 화력의 10배에 해당하는 위력이다.

이 실험 당시 폭발의 섬광을 1,000킬로미터 밖에서도 볼 수 있었고, 270킬로미터 밖에서도 열기를 감지할 수 있었다. 또 폭발로 인한 파장이 지구 표면을 세 바퀴 돌았고, 지구상의 모든 통신이 한 시간 동안 마비되었으며, 그 여파는 마치 지구를 삼켜 버리고 이 세상을 완전히 파괴하는 것 같았다고 한다.

이러한 사실을 토대로 지구상의 모든 핵무기가 한꺼번에 폭발한다고 가정해보자. 그러면 지구상의 모든 가연성 물질이 연소되어 수증기와 함께 지구의 대기권을 꽉 채우게 될 것이다. 대기권을 채운 연기는 태양열을 차단해 지구는 수년간 영하 50도 이하의 동토가 되는 핵겨울nuclear winter을 맞이하게 되고 결국 인류는 종말을 고하게 될 것이다. 지구상의 핵무기는 한때 10만기 이상에 달했지만 그동안의 노력으로 현재는 2만기 이하로 줄었다. 앞으로도 핵무기를 가진 모든 국가는 핵무기를 없애기 위한 노력을 계속해야만 할 것이다.

세계 핵무기 보유 현황

러시아	7,290기
미국	7,000기
프랑스	300기
중국	260기
영국	215기
파키스탄	130여기
인도	120여기
이스라엘	80기

(스톡홀름국제평화연구소 SIPRI, 2016)

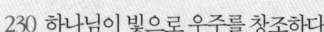

4차 혁명의 묵시록

· · ·

곧 우리에게 다가올 가까운 미래는 "인공지능AI: Artificial Intelligence이 전기처럼 흐르는 시대"라고 한다. 우리 삶의 다양한 영역으로 인공지능이 파고들어 인간과 인공지능이 공존하는 시대가 될 것이다.

그럼, 인간과 인공지능의 차이점은 무엇일까? 인공지능은 무생물이 학습을 통해 스스로 추론하고 판단하게 되는 것이다. 반면 인간은 오감을 통해 학습하며 학습을 통해 성장한다.

우주는 시간의 흐름에 따라 복잡성이 증가한다. 초기의 우주는 아주 단순한 형태여서 핵반응이 모든 것을 주도했다. 이후 행성들이 나타나고 생명(인간)이 출현하면서는 화학 반응이 모든 것을 주도하게 되었다.

우주의 역사를 들여다보면, 늘 임계국면의 순간에는 기존의 것과는 다른 새롭고 보다 복잡한 것들이 출현했다.

첫 번째 : 빅뱅Big Bang, 137억 년 전

두 번째 : 별들의 출현, 135억 년 전

세 번째 : 새로운 원소의 출현

네 번째 : 태양계의 탄생, 45억 년 전

다섯 번째 : 지구상에 생명 탄생, 38억 년 전

여섯 번째 : 인류의 집단 학습, 20만 년 전

일곱 번째 : 농경의 시작, 1만 1000년 전

여덟 번째 : 근대혁명, 250년 전

근대혁명 이후에는 변화의 속도가 엄청난 속도로 빨라지게 된다. 근대혁명에 이르기까지는 대단히 오랜 세월이 걸렸지만 근대혁명이 출현한 이후에는 변화에 가속도가 붙었다.

근대혁명(250년)

1차 혁명 — 18세기 증기기관(철도산업)에 의한 기계화.

2차 혁명 — 20세기 초 대량생산 방식—내연기관, 전기, 화학, 정유, 통신의 혁신.

3차 혁명 — 20세기 후반 컴퓨터와 인터넷이 가져온 혁신, 휴대 전화.

4차 혁명 - 정보통신기술ICT의 융합으로 새로운 산업혁명, 인공지능AI, 인공지능로봇, 사물인터넷IOT, 모바일, 3차원3D 프린트, 무인자동차, 나노 및 바이오 기술, 재료 과학 양자 컴퓨터 공학 등.

여기서 주목해야 할 것은 4차 혁명의 등장이다. 4차 혁명은 그야말로 신과 인간의 경계를 허무는 사건이다. 4차 혁명 때는 다양한 이종 영역 간의 융합이 일어나는데, 그것이 가져올 파급효과는 우리의 상상을 초월한다.

첫째, 인간과 기계의 융합. 기계의 잠재력은 무한하고 인간보다 많은 정보 저장 능력을 갖고 있다. 이러한 기계의 능력이 인간과 융합하면 말 그대로 초인간superman의 탄생이 가능해진다.

둘째, 현실세계와 가상세계의 융합. 인간이 또 하나의 우주cyber space를 창조하고 있다. 인간의 모든 활동이 가상세계에서 일어나게 된다.[1]

셋째, 공학적인 것과 생물학적인 것의 융합. 그동안 인간은 공학적으로 물건을 만들고, 신은 생물학적으로 존재를 만들었다. 그러나 이제는 인간이 생물학적으로 생명과 사물을 만들게 될 것이다. 이 시대에는 동네 의사가 3D 프린터로 기관지를 만들어 환자에게 이식하게 될 것이다.

4차 혁명의 시대는 쉽게 말해 신과 인간의 경계가 허물어지는 시대다. 인간도 신과 마찬가지로 생명을 창조한다. 짐승의 언어가 날뛰는 시대이고 인공지능이 인공지능을 낳는 시대가 될 것이다.

---

[1] 스크린 골프도 한 예가 되겠다.

하지만 이런 시대가 가져올 그림자는 또 어떤 것일까? 어쩌면 인간은 하나님이 그어 놓은 경계(욥 38:10)를 이미 넘고 만 것이 아닐까? 인간이 인지 혁명으로 만물의 정상에 오르고, 그것을 바탕으로 신적인 존재가 되려고 하는 시대, 과연 이런 시대가 행복한 시대일까? 인공지능AI이 인공지능AI을 낳는 시대가 오면 인간은 과연 그 이후의 변화를 통제할 수 있을까?

나는 그저 이 시대를 살아가는 한 명의 개인으로서 이 도도하게 흘러가는 거대한 변화의 흐름을 거스르기에는 너무 무력한 존재가 아닌가 하는 자괴감이 든다. 이 거대한 변화의 흐름 앞에서 성경에 나타난 인류의 중대사를 겹쳐서 읽어본다.

인류의 출현 : 아담과 이브

물의 심판

모세의 출현과 출애굽

예수님의 탄생과 십자가와 부활

세계 제1차 대전

세계 제2차 대전과 유대인 학살

세계 제3차 대전과 불의 심판(?)

예수님의 재림과 휴거

새로운 1,000년 왕국

근대혁명 이후의 변화와 4차 혁명, 그리고 성경에 나타난 인류의 중대사를 겹쳐놓고 보면 뭔가 두려움이 엄습한다. 우리 인류가 가고 있는 미래는 과연 행복을 향한 길인가, 아니면 참혹한 불의 심판을 향해 내달리고 있는 것일까?

• 4차 혁명에 대한 석학들의 경고 •

4차 혁명을 통해 신과 인간의 경계가 허물어질 것이란 우려를 낳고 있다. 이같은 우려는,

첫째, 인간과 기계의 융합으로 인간은 정보 저장 능력이 무한한 슈퍼맨 **superman**이 되고,

둘째, 현실세계와 가상세계의 융합으로 또 하나의 우주가 창조되며,

셋째, 공학적인 것과 생물학적인 것의 융합으로 동네 의사가 3D 프린터를 이용해 기관지를 만드는 시대가 될 것이기 때문이다.

이같은 거대한 변화의 흐름을 한 인간이 거부하기에는 너무도 무력하다. 2·3차 산업혁명이 인류에게 준 네거티브 이펙트 nagative effect(부정적 효과)는 부의 양극화(모든 분쟁의 원인), 테러기법의 첨단화, 인류의 생존을 위협하는 기후변화 등이다. 이제 여기에 인공지능의 옷을 입은 '슈퍼 머신'super machine이 스스로를 복제하는 시대가 다가오고 있다.

앞으로 인공지능이 불러올 '전 사회의 인지화'는 피할 길이 없다. 사람들은 이제 필요할 때마다 인공지능을 전기처럼 편리하게 사용하게 될 것이다. 늦어도 20~30년 안에 고급문화의 영역을 제외하고는 전 세계에서 언어의 장벽은 거의 사라질 것이다(새로운 바벨탑의 출현, 창 11:1~9).

아인슈타인은 일찍이 무분별한 핵무기의 개발이 지구상의 모든 인류를 멸망시킬 수 있다고 경고했고, 스티븐 호킹 박사는 인공지능이 인류문명사의 최악의 사건이 될 수 있다고 우려했다. 이론상 컴퓨터는 인간의 지능을 모방할 수 있고 그것을 넘어 설 수도 있다.

인공지능이 특이점singularity을 넘어서는 순간 인공지능은 인류 전체의 지능을 뛰어넘어 멋대로 성장하게 될 것이다. 이와 함께 인류는 순식간에 도태하기 시작할 것이다. 이러한 특징 때문에 '미래의 설계자'라고 불리는 일론 머스크는 인공지능의 오판으로 제3차 세계대전이 일어날 수 있다고 경고했다.

하버드대 출신 수학자 캐시 오닐은 수학과 데이터, IT기술이 결합한 WMD(대량살상무기)Weapon of Mass Destruction, 대량살상수학무기Weapon of Math Destruction)가 정치, 사회, 경제, 교육, 노동 등 우리 삶의 전 영역에 걸쳐 불평등을 조장하며 민주주의를 위협할 것이라고 경고했다(적그리스도의 출현, 살후 2:4, 마 24:4~5). 또한 유발 하라리 역시 '데이터교'가 미래의 종교가 될 것이라고 예측하고 있다.

인간은 과학기술의 발달을 통해 신God을 꿈꾸지만 오히려 신new기술의 노예로 전락하고 마는 인류의 슬픈 운명을 어떻게 이해해야 할까? 우리는 세계적인 석학들의 경고에 귀 기울여야 할 것이다.

종말의 끝에서 찾는 희망

. . .

요즘 사람들은 말세라는 말을 많이 한다. 성경에도 지구의 종말이라든지 말세라는 말이 많다. 우주적으로는 50억 년 후에 태양계가 소멸하면 지구도 함께 사라지고 말 것이다. 이것은 물질계의 종말을 의미하는 것인데, 그럼 우리가 말하는 종말은 무엇을 의미하는가?

나는 성경에서 말하는 인류의 종말보다는 각 개인의 종말이 더 중요하다고 생각한다. 인간의 삶이 유한하다는 것을 아는 그 자체가 삶을 지혜롭게 사는 것이며, 언젠가는 숙명적으로 받아들일 수밖에 없는 죽음을 어떻게 맞이할 것인가 하는 것이 더 중요하다는 뜻이다.

동물과 달리 인간의 죽음은 비본질적인 존재로부터 자유로워지는 것이다. 이는 형태의 소멸일 뿐 존재의 끝은 아니다. 육체의 죽음이 곧 생의 마감일까, 아니면 새로운 삶의 시작일까 하는 질문에 대한 대답은 전적으로 각자의 자유로운 선택에 달린 게 아닐까 싶다. 하지만 정말로 신이 존재한다면 이 물음에 대한 답은 달라지지 않겠는가?

"내가 오늘 하늘과 땅을 불러 너희에게 증거를 삼노라. 내가 생명과 사망과 복과 저주를 네 앞에 두었은즉 너와 네 자손이 살기 위하여 생명을 택하고 네 하나님 여호와를 사랑하고 그의 말씀을 청종하며 또 그를 의지하라"(신 30:19~20).

살아 있는 사람에게 '살기 위하여 생명을 택하라'고 할 때 과연 이 생명은 어떤 생명일까?

"염소와 송아지의 피로 하지 아니하고 오직 자기의 피로 영원한 속죄를 이루사 단번에 성소에 들어가셨느니라"(히 9:12).
"긍휼과 평강과 사랑이 너희에게 더욱 많을지어다. 사랑하는 자들아 우리가 일반으로 받은 구원salvation에 관하여 내가 너희에게 편지하려는 생각이 간절하던 차에 성도에게 단번에 주신Once in all 믿음의 도를 위하여 힘써 싸우라는 편지로 너희를 권하여야 할 필요를 느꼈노니"(유 1:2~3).

식언치 아니하시는 하나님이 자기 피로 단번에 주신 믿음과 영원한 속죄의 약속은 우주의 모든 것이 변해도 영원히 변치 않을 영생이다. 따라서 우리가 유일하게 선택해야 할 것은 하나님을 통한 영원한 생명, 바로 그것이어야 하지 않을까!

인류의 마지막 기술

빛에는 두 종류의 빛이 있다. 하나는 하나님이 우주를 창조하실 때 사용한 빛Big Bang이다. 이 빛(열)은 우주 초기에 냉각되면서 수소(빛, H/He)들을 생성시켜 우주 공간에 뿌렸다. 이 수소들이 만유인력에 의해 다시 거대한 수소 덩어리를 만들고, 중심부의 거대한 압력과 온도에 의해서 헬륨(H- He)으로 핵융합 반응을 일으키면서 태양이 탄생하게 되었다. 성경 속의 "빛이 있으라 하시매 빛이 있었다"는 말씀은 태양 빛을 의미한다.[1]

태양의 탄생으로 지구에는 밤과 낮이 생겼지만, 두터운 수증기층 때문에 지표면에서는 이 태양빛을 볼 수 없었을 것이다. 하나님의 창조의 역사가 시작되면서 생명체들은 태양이 제공하는 에너지를 직·간접으로 흡수하며 살아간다. 다시 말하면 지금처럼 지구가 냉각된 후로는 태양이 없었다면 어떤 생명체도 그 생명을 오랫동안 보존할 수 없었을 것이라는 말이다.

지구에서 1억5천만 킬로미터 떨어진 곳에 위치한 태양에서 만들어진 에너지 가운데 20억 분의 1이 지구에 도달하며, 그 에너지

---

[1] 첫 번째 빛은 빅뱅에 의해 물질을 탄생시킨 빛, 태양은 두 번째 빛이다.

로 지상의 모든 생명체가 살아간다. 만약 지구에 도달하는 에너지의 1만5천 분의 1만 모을 수 있다면 인류의 모든 에너지 문제를 해결할 수 있다. 전체 우주에서 태양은 비교적 작은 별에 속하는데, 그런 태양이 만드는 에너지의 20억 분의 1에, 또 그것의 1만5천 분의 1에 의존해서 살아가는 인간은 얼마나 작은 존재인가?

지구상의 인구 70억은 전체 지구 생물 가운데 0.5퍼센트에 불과하지만 전체 광합성(탄소동화작용)의 31퍼센트를 사용한다고 한다. 인류 역사상 분쟁과 전쟁이 없었던 때가 없을 만큼 인류는 끊임없는 전쟁과 살육을 자행해왔다. 과거에는 그 중심에 식량 문제가 있었고, 지금은 삶의 질이 향상되면서 그 중심에 에너지 문제가 있다. 에너지를 확보하기 위한 인류의 전쟁은 오늘도, 내일도 계속될 것이다. 식량 안보와 에너지 안보가 결국은 인류를 파국으로 몰고 갈 것이다.

이 두 문제를 해결하기 위해 인류는 유전공학을 연구하고, 핵공학을 통해 원자로를 상용화하고, 더 나아가 인조 태양을 지상에 건설하려는 노력을 하고 있다. 나는 인조 태양의 건설(핵융합로)이 인간이 이룰 수 있는 가장 어려운 과학 기술이자 인류의 에너지 문제를 해결할 수 있는 마지막 열쇠라고 생각한다.

오래전 독일에서 오랫동안 친하게 지냈던 유명한 핵공학자와 인조 태양 건설에 대해 진지한 토론을 나눈 적이 있다. 핵융합로는 플라스마plasma를 만들기 위한 극초 진공 기술, 1억 도가 넘는 온도를 제어하고 이것들을 담을 수 있는 재료(용기)의 개발 등 풀어야 할 난제가 많지만, 나는 이러한 난제들이 가까운 장래에 해결될 것이라고 생각한다. 핵융합로는 어려운 만큼 에너지 밀도가 대단히 크고 방사선 폐기물이 적은 '꿈의 기술'이라고 할 수 있다.

여기에서 잠시 이야기를 멈추고 다시 하나님과 인간의 관계를 돌아보자. 하나님이 인간에게 준 사랑은 대단하다. 하나님은 인간에게 시간의 개념과 문자와 숫자를 이용할 수 있는 지혜를 주시고, 모든 생명체를 다스리고 땅을 정복하는 권한을 주셨으며, 가장 중요한 자유의지를 허락함으로써 스스로 선택하고 도전할 수 있게 하셨다.

오늘날 눈부신 과학 기술은 우주 개발, 생명공학, 전자통신기술 등 모든 분야에서 최고봉에 도달했다고 할 만큼 발달했으며, 이제는 인조 태양을 지상에 건설할 수 있는 시대가 가까이 오고 있다. 하지만 자유분방한 인간이 자연을 알고 지식을 쌓는 만큼 스스로 겸손해져서 하나님 앞에 고개를 숙일 수 있을까? 아는 것만큼 허세와 교만도 자라나서 자신을 스스로 신의 위치에 올려놓고 신을 과소평가함으로써 하나님의 진노를 사지 않을까 걱정된다. 바벨탑을 쌓았던 인간들이 과학의 힘으로 다시 한 번 바벨탑을 쌓는 우를 범하는 것은 아닐까?

하나님이 인류의 삶을 위해 최초로 창조한 태양을 인간이 자신의 힘으로 지상에 건설하는 것은 우주 역사에 한 획을 긋는 시발점이 될 것이다. 나는 그 독일인 친구와 성경을 읽어야만 하는 이유에 대해 긴 이야기를 나눈 적이 있다. 성경을 읽음으로써 우리는 스스로를 '신'으로 착각하는 오만에서 벗어나 하나님이 주신 과학 기술을 제대로 활용할 수 있게 될 것이다.

인간이 신을 발견할 때 역사는 시작되고 인간이 신이 될 때 역사는 끝날 것이다.
— 유발 하라리(『사피엔스 : 유인원에서 사이보그까지 인간 역사의 대담하고 위대한 질문』의 저자)

제5장
머리에서 가슴까지, 그 긴 여정의 끝

나의
신앙고백

• • •

나는 유년 시절을 어느 조그만 섬에서 보냈다. 가정 형편은 비록 넉넉하지 못했지만 7남매가 오순도순 사랑과 정을 나누며 살았다. 어린 시절 우연히 수학(산수)과 과학에 눈을 뜨면서 멋진 수학자, 멋진 과학자가 되겠다는 꿈을 꾸게 되었다. 어린 시절의 나는 폭풍이 몰아치는 겨울 바다를 유난히 사랑했고, 때론 잔잔한 바다 위에 드리운 아름다운 달을 보면서 '왜 달은 언제나 토끼가 계수나무 아래에서 방아를 찧는 모습뿐일까?' 하는 공상에 빠지기도 했다. 순수하고 행복한 시간들이었다.

초등학교 5학년 때로 기억되는데, 담임선생님께서 어른이 되면 어떤 사람이 되고 싶은 지에 대해 써내라고 숙제를 주셨다. 나는 거기에 "초등학교 선생님이 되고 싶다"라고 적었다가 선생님께 매를 맞았다. 아직 어린데 꿈이 너무나 작다는 이유였다. 당시는 사범학교를 졸업해야만 초등학교 교사가 될 수 있었는데, 우리 집 형편으로는 사범학교 진학도 어려웠다.

내가 수학자의 꿈을 꾸게 된 것은 수업 시간에 직각 삼각형에 관한 피타고라스의 정리를 배우면서부터였다. 나는 그때 수학의 아름다움에 매혹되었다. 그리고 인간이 원의 넓이(파이라는 초월수)를 정확히 구할 수 없다는 사실에 인간 능력의 한계를 깨달았다. 나는 원의 넓이는 오직 신만이 구할 수 있는 것이라고 생각했다. 수학 역사상 얼마나 많은 수학자들이 정확한 원의 넓이를 구하기 위해 얼마나 많은 노력을 기울였겠는가? 그럼에도 불구하고 답을 구하지 못한 것은 그것이 신의 영역에 속하기 때문일 것이라고 생각했던 것이다.

섬을 떠나 육지에 있는 여수 중학교로 진학했을 때, 반 친구의 집에 놀러갔다가 깜짝 놀란 기억이 있다. 그 친구의 집이 이층집이었기 때문이다. 나는 이층집을 그때 처음 보았다.

고등학교 2학년 때는 사관학교를 가겠다는 친구의 수학 가정교사를 하면서 약간의 돈을 벌기도 했다. 그러나 수업료를 제 때 내지 못해 다른 한 친구와 함께 중간고사를 보지 못하고 복도로 쫓겨났다. 너무도 비참한 마음에 바닷가로 가서 죽음을 생각해 보기도 했다. 고 3때는 황달에 걸려 매일 보리죽을 먹으면서 학교도 못 가고 집에서 쉬기도 했다. 3년간 도시락을 들고 학교에 간 기억이 없다. 힘들고 어렵던 시절이었다. 이런 어려움을 통해 인내심을 배웠다.

대학 진학을 앞두고 담임선생님께 수학과를 가겠다고 했더니 선생님은 "가난한 사람은 수학을 하는 게 아니야"라고 잘라 말했다. 나는 그 말에 큰 충격을 받았다. 결국 담임선생님이 가르쳤던 화학을 공부하게 되었다. 사실 당시만 해도 수학과를 나와서는 직장을 구할 수 없는 시대였다. 지금 돌이켜보면 인생의 중요한 시기에 어떤 사람을 만나느냐가 한 사람의 운명을 결정지을 수도 있다는 생각이 든다. 내가 그때 다른 담임선생님을 만났다면 나는 아마도 수학을 공부했을 것이다.

대학과 대학원의 6년 세월은 힘겹고 고달픈 시간들이었다. 대학에 입학한 후 가정교사를 하려고 했지만 쉽지 않았다. 어느 누가 생전 처음 보는 촌놈을 믿고 가정교사 자리를 알선해 주겠는가! 대학 1학년을 마치고서야 반 친구의 도움을 받아 가정교사 자리를 얻을 수 있었다.

그렇게 시작한 가정교사를 나는 군대에 갔다 와서 대학원을 졸업할 때까지 무려 5년 동안 계속했다. 하루 평균 5시간 이상을 가르쳐야 하는 가정교사 생활은 (대략 1만 시간을 학생 지도에 몰입한 셈이다) 그야말로 생존을 위한 투쟁이었다. 어느 책에 소개된 '1만 시간의 매직 법칙'처럼 젊어서 자기가 하고 싶은 일에 1만 시간을 투자한다면 못할 일이 없을 것이란 생각이 든다.

돌이켜 보면 그 1만 시간을 나를 위해서 쓸 수 있었다면 나는 보다 많은 공부와 연구를 할 수 있었을 것이고 건강도 해치지 않았을 것이라는 아쉬움이 있다. 하지만 내가 만약 그런 일을 할 필요가 없는 부잣집에서 태어났다면 아마도 나는 그렇게 열심히 노력하지 않았을 것이라고 스스로 자위해본다.

대학 3학년을 마치고 군에 입대를 했는데, 육군병원에서 마취도 하지 않은 채 탈장 수술을 받았을 때의 고통을 지금도 잊을 수가 없다. 그 고통의 와중에 폐결핵에 걸렸다는 사실을 알았을 때의 절망감은 정말 감당하기 어려웠다. 그때만 해도 폐결핵은 '무서운 병'으로 유학의 꿈을 접어야 하는 병이었다.

제대 후 가난한 살림에 2년간의 치료를 받고 대학 4학년에 복학을 하면서 가정교사를 계속할 수밖에 없었다. 그때 내가 가장 두렵고 미안하고 가슴 아팠던 것은 혹시 내가 가르치는 아이들에게 결핵이 전염되지 않을까 하는 것이었다.

뼈와 살을 깎는 유학생활

대학을 졸업하고 국립공업연구소 연구원 채용 시험에 합격했다. 동시에 대학원 진학도 하게 되었는데, 연구소에서 받는 월급으로는 거의 하숙비를 낼 정도였다. 할 수 없이 가정교사를 하면서 연구원 생활과 대학원 공부까지 함께 할 수밖에 없었다. 동시에 세 가지를 하려니 참으로 감당하기 어려웠다. 결국 일 년 만에 연구소에 사표를 내고 가정교사와 대학원 공부를 하였다.

유학의 꿈은 접은 채 대학원 졸업과 함께 얻은 대학 시간 강사를 3년 동안 열심히 했다. 그러면서 폐결핵 치료도 받았다. 다행히도 완치가 되어 원래 목표보다 5년 늦은 1969년 캐나다 대학의 장학생으로 유학길에 오르게 되었다.

멀고 먼 유학길, 내 손에는 어머니가 어렵게 마련해주신 100불과 태극기 한 장이 전부였다. 유학 생활은 쉽지 않았다. 서투른 말과 부족한 기초 실력, 거기에다 건강하지 못한 몸으로 거의 매일 밤을 새우며 숙제와 연구 실험을 해야 했다. 뼈와 살을 깎는 시간들이었다.

나의 박사학위 연구는 불소화학으로, 다루기 어렵고 대단히 위험한 분야였다. 하지만 불소화학은 핵물질 생산에 꼭 필요한 부분이어서 나는 한국원자력연구소에서 30여 년간 연구생활을 할 수 있게 되었다.

박사학위를 일 년쯤 앞두고 나는 큰 사고를 당했다. 아주 중요한 실험을 하던 도중 폭발 사고가 일어나 큰 화상을 입었다. 간신히(?) 목숨은 건졌지만 두 번이나 피부 이식 수술을 받고 치료를 받느라 거의 3년이라는 긴 세월을 날려버렸다.

나는 3도 화상에 두 번의 피부 이식 치료를 받으면서도 단 한 번도 치료 중에 아프다는 소리를 하지 않았다. 그랬더니 담당 의사가 아프면 소리를 지르라고 말했다. 그때 내가 그런 고통을 참은 이유는 황인종인 내가 백인 의사와 간호사 앞에서 엄살(?)을 떠는 모습을 보이고 싶지 않아서였다. 내 자존심이 그런 모습을 허락하지 않았던 것이다.

그때는 어머니가 주신 태극기가 큰 힘이 되었다. 사고로 인한 치료와 고통의 와중에 내가 받은 허탈감과 절망감을 무엇으로 보상받고 무엇으로 위로받을 수 있었겠는가? 오로지 내가 한국을 떠날 때 어머니가 주셨던 그 한 장의 태극기가 전부였다. 그 태극기가 내게는 유일한 버팀목이었다.

나는 이를 악물었다. 절망의 맨 밑바닥에 남아 있는 것은 희망뿐이라고 믿었다. 죽음을 무릅쓰고 그 위험한 실험을 지도교수 모르게 밤에 다시 시도했다. 결국 그 실험에 성공해서 7년이라는 긴 시간 끝에 늦깎이로 학위를 마칠 수 있었다. (지도 교수가 못하게 했던 실험을 하고 나서 나는 지도 교수로부터 호된 꾸중을 들었다.)

박사학위를 마치자 나는 곧바로 미국의 대학에서 연구원 생활을 시작했다. 연구원 생활은 즐거웠다. 하지만 호사다마라고나 할까? 열심히 연구생활을 하고 있는데 토론토의 동생 집에 와 계시던 어머니가 급성 췌장염으로 병원에 입원했다. 어머니는 병원에 입원한 지 하루도 안 돼 세상을 떠나시고 말았다. 어려운 살림에 7남매를 기르시느라 고생만 하셨던 어머니의 죽음은 정말로 받아들이기 어려운 현실이었다.

그러나 조용히 잠 드신 것처럼 누워 있는 어머니의 마지막 모습은 너무나 평화로웠다. 나는 그 모습에 무척 놀랐지만 동시에 큰 위로를 받았다. 나는 어머니가 살아계시는 동안 그렇게 편안한 모습을 본 일이 없었다.

어머니가 동생에게 남긴 마지막 유언은 "죄 짓지 말고 살라"는 것이었다. 그 말씀은 아마도 우리 형제들의 가슴에 영원토록 기억될 것이다. 나는 어머니의 장례를 치르면서 너무나 무리를 했던지 그만 허리 디스크가 망가져 꼼짝도 할 수 없게 되었다. 결국 병원에서 수술을 받고 또 다시 힘든 시간을 보내게 되었다.

우연도, 기적도, 하나님의 섭리라고 했던가? 지난 세월을 돌이켜보며 깨달은 것이 있다면 우연도, 기적도, 결국은 신의 섭리라는 것이다.

굶주림이 상식이었던 청소년 시절, 시간을 분 단위로 쪼개가며 살았던 가정교사 생활, 군에서 탈장으로 마취도 없이 수술을 받으며 경험했던 고통과 폐결핵 진단을 받았을 때의 좌절과 절망감, 유학시절, 연구실에서의 폭발사고와 그로 인한 두 번의 피부이식수술과 고통스러웠던 치료과정, 평생 우리 칠남매를 위해 끝없이 희생하셨던 어머니의 갑작스런 죽음, 어머니의 장례식 후 허리 디스크의 연골 손상으로 침상에 누워 우연히, 아니 기적적으로 접하게 된 성경 말씀, 이 긴 고통의 터널을 통과하면서 내가 배운 것은 시간의 소중함과 스스로의 자존감을 지키는 일의 중요성, 그리고 인내였다.

연약함과 강함이 공존하는 인간을 발견했으며, 절망과 희망이 혼재하는 삶의 이중성을 보았다. 절망은 인간을 영원한 지옥으로 떨어뜨리는 치유될 수 없는 질병이고 희망은 가난과 질병을 극복하고 빛의 세계로 이끄는 마법의 힘이었다. 그리고 그 중심에 바로 하나님의 살아있는 말씀인 성경이 있었다.

인간의 자존심

나는 극단적인 고통과 절망 속에서도 자신을 지킬 수 있는 힘은 '인간다운 마음가짐과 인간으로서의 자존심'에서 나온다고 생각한다. 이는 내가 병원에 입원해 있는 동안 직접 체험한 것이기도 하다. 이와 관련해 빼놓을 수 없는 역사적 사건은 유태인의 '홀로코스트(대학살)'이다.

나치의 유태인 학살은 역사적으로나 성경적으로 많은 의미를 갖고 있지만, 여기서 살아남은 사람들의 이야기는 많은 것을 시사한다. 2차 대전 중 독일군이 유태인을 학살할 때 가장 힘들었던 것은 독일군 병사들의 마음속에 남아있는 인간의 양심이었다.

인간이 인간을 죽이는 고통과 양심을 없애기 위해 독일 군부는 유태인을 '짐승'으로 만들기로 했다. 짐승을 죽이는 일은 그다지 양심의 가책을 받지 않기 때문이었다. 그래서 유태인 3만 명을 가둔 수용소에 화장실을 한 개만 만들었다. 결국 유태인들은 아무데나 배설하고 배설물과 뒤섞인 유태인의 모습을 보면서 독일군 병사들의 양심은 사라졌다.

그런데, 이런 상황에서도 살아남은 유태인은 어떤 사람들일까? 바로 인간으로서 자신의 자존심을 지킨 사람들이었다. 수용소에서는 매일 새벽 4시 반이 되면 모든 유태인에게 따뜻한 물 한 컵씩을 제공했다. 대부분의 사람들은 그 물을 그냥 마셨지만 어떤 사람들은 그 물을 조금만 마시고 나머지로 세수를 하고 옷 조각에 물을 묻혀 양치를 했다. 그리고 유리 조각을 이용해 깨끗하게 면도를 했다. 오늘 죽어도 결코 '인간다움'을 잃지 않겠다는 몸부림이었다.

독일군에게 가장 무서운 항거가 바로 이 인간다움을 잃지 않겠다는 몸부림이었다. '짐승'을 죽이는 것은 그다지 어렵지 않은 일이었지만 '인간'을 죽이는 일은 쉽지 않았기 때문이었다. 독일군은 유태인이 인간이기를 포기하고 동물이 되길 원했지만, 인간다움을 포기하지 않은 유태인들은 당장 죽더라도 동물이 아닌 인간으로 죽기를 원했다.

매일 일정한 시간이 되면 독일군은 처형할 유태인을 골랐는데, 비록 깨끗하지는 못했지만 잘 면도해서 사람의 모습을 지닌 유태인을 선택하기는 쉽지 않았다. 내가 스스로 인간이기를 포기하면 다른 사람도 나를 포기하고 붙들어주지 않는다. 인간의 역사는 이런 한계상황에서 새롭게 만들어지는 것이다.

삶과 죽음의 방정식

성경을 통해 하나님을 알게 되었지만, 눈에 보이지 않는 하나님을 믿는다는 것이 결코 쉬운 일은 아니었다. 구약을 공부하면서 성경이 예언의 역사, 다시 말하면 이스라엘 민족의 미래, 더 나아가 인류의 미래사를 기록하고 있다는 점에서 약간의 매력을 느꼈지만, 성경에 기록된 내용에 대해 과학적으로 시원한 답을 주는 사람도 없었고 스스로 시원한 답을 찾을 수도 없었기에 성경의 내용을 있는 그대로 받아들이기가 참으로 어려웠다.

그런데 다행스럽게도 더듬더듬 성경을 읽어 내려가다가 현대 과학으로만 설명이 가능한 많은 기록들을 발견하면서 나는 처음으로 성경에 눈을 뜨기 시작했다. 만약 내가 100여 년 전에 태어났거나 혹은 과학을 공부하지 않았더라면 나는 영원히 하나님을 찾지 못했을 것이라는 생각이 든다. 나로서는 내가 이 시대에 태어난 것이 정말로 행운이다. 20세기에 이룬 현대 과학, 특히 천체물리학이 만유인력과 시간과 공간의 관계를 잘 정립해 주었고, 그것들은 내가 성경을 읽고 이해하는데 큰 도움을 주었다. 나는 현대 물리학이 발견해 낸 우주의 참모습을 통해 "성경은 우리 인류의 미래사"라는 사실을 다시 한 번 확인하게 되었다.

사실 이 세상에는 수천 개의 종교가 존재한다. 그런데 만약 인간에게 영원한 삶만 있고 고통이나 죽음이 없다면 아마도 종교는 존재하지 못했을 것이다. 결국 인간이 살면서 결코 피해갈 수 없는 삶의 고통과 궁극적으로는 죽음이 존재하기에 종교가 있는 것이다. 어떤 사람도 태어남과 삶, 질병, 그리고 죽음이라는 숙명에서 벗어날 수는 없다. 과연 우리의 인생은 정말로 그 이유와 목적을 알 수 없는 것일까? 어쩌면 사람이 잠깐의 목숨을 받아 살아간다는 것은 그 자체로 하나의 신비가 아닐까?

이 세상에 태어난 인간은 자아가 성립하기 전까지는 동물처럼 기어 다니며 살다가, 자아가 발달하면 서서히 '시간의 영역'으로 넘어간다. 인간은 시간을 경험하면서 비로소 자신이 동물과 다르다는 것을 알게 된다. 우리가 내일이라는 시간을 생각할 수 있다는 것은 얼마나 큰 특권인가!

우리가 시간이라는 무질서한 흐름에 자신을 맡겨버리는 우를 범하지 말아야 하는 이유는 우리에게 주어진 일정한 시간이 우리에게 삶의 형태를 부여하기 때문이다. 우리에게 죽음만큼 확실한 것은 없지만 동시에 죽음의 시간만큼 불확실한 것도 없다. 인간으로 살면서 가장 즐거운 것은 내가 동물이 아닌 인간으로 태어났다는 사실 그 자체가 아닐까 싶다. 인간이기에 짊어져야 할 삶의 무게가 버겁지만, 인간이기에 스스로의 삶을 창조할 수 있는 자유를 가지고 있다는 것은 우리에게 주어진 하나의 '특권'이다.

우리가 두려워하는 죽음 또한 마찬가지다. 우리의 삶이 빛날 수 있는 것은 그 삶의 배후에 죽음이 받쳐주고 있기 때문이다. 주변 사람들에게 100살 이상 살고 싶으냐고 물어보면 그렇다고 대답하는 사람을 단 한 사람도 본 적이 없다. 인간은 모두가 숙명적으로 자신의 죽음을 받아들이고 있다.

그러면 사는 동안 우리의 소망은 무엇이 되어야 할까? 그것은 물질을 풍부하게 소유하는 것이 아니고 풍성하게 존재하는 것이 되어야 하지 않을까? 무엇인가를 소유한다는 것은 역으로 그것에 소유당하는 것이며 동시에 무엇인가에 예속되고 얽매인다는 뜻이다. 그렇기 때문에 죽음은 비본질적인 존재를 놓아 버리는 것으로, 나를 버리고 새로운 나를 만나는 과정이다. 육체의 죽음은 형태의 소멸이지 존재의 끝은 아닌 것이다. 바로 여기에 창조자의 우주 창조와 인간 창조의 깊은 의미가 감춰져 있다.

머리에서 가슴까지

이런 말이 있다.

"세상에서 가장 먼 길은 머리head에서 가슴heart까지 가는 길이다."

나는 이 말의 의미를 성경을 보면서 깨달았다. 우리 몸의 심장에서 출발한 피가 다시 제자리로 돌아오는데 걸리는 시간은 1분이다. 물리적으로도 머리에서 가슴까지의 거리는 30센티미터도 채 안 된다. 그런데 어떻게 세상에서 가장 먼 길이 머리에서 가슴까지 가는 길일까? 이 말의 의미는 어떤 사실을 머리로는 이해하지만 그것을 가슴으로 받아들여 인정하기까지는 굉장히 어렵다는 뜻이다. 머리로는 이해하는 사실을 가슴으로 받아들이는 것이 왜 그렇게 어려운 일일까?

성경을 읽는 내 자신이 그랬다. 하나님의 존재를 믿으면서도 십자가 달린 예수님이 가슴으로 들어오질 않았다. 십자가에서 흘린 예수님의 피는 하나의 신화일 뿐이지 나하고는 전혀 상관없는 이야기였다. 나와 하나님/예수님이 무슨 관계가 있단 말인가? 도대체 나는 누구인가?

나는 너무나 작은 존재였다. 지구상의 사람 수보다 많은 은하(1,000억 개)를 가지고 있는 이 광활한 우주의 한구석에 자리 잡고 있는 우리 은하, 그리고 우리 은하(2,000억 개의 별)의 한 귀퉁이에 떠 있는, 극히 평범하기 짝이 없는 태양에 매달려 있는 작은 행성, 그 지구에 자신의 의지와는 관계없이 태어나 하루 밥 세 끼 먹으며 살고 있는 이 작은 나는 누구인가? 그리고 내가 저 무한한 하나님과 도대체 무슨 관계가 있단 말인가?

"주께서 내 내장을 지으시며 나의 모태에서 나를 만드셨나이다.
내가 주께 감사하옴은 나를 지으심이 심히 기묘하심이라. 주께서 하시는 일이 기이함을 내 영혼이 잘 아나이다.

내가 은밀한 데서 지음을 받고 땅의 깊은 곳In the depths of the earth에서 기이하게 지음을 받은 때에

나의 형체가 주의 앞에 숨겨지지 못하였나이다.

내 형질이 이루어지기 전에 주의 눈이 보셨으며 나를 위하여 정한 날이 하루도 되기 전에 주의 책에 다 기록이 되었나이다"(시 139:13~16).

이 광활한 우주를 창조하신 하나님이 극미의 세계까지 관여하시고 티끌 같은 '나'의 탄생까지 먼저 기록하시고 지으셨다니 참으로 신기할 뿐이다. 이 말씀은 다른 동물과는 달리 인간에게는 가야 할 길이 있고, 감당해야 할 미래가 있음을 의미하는 것이다.

유학생활 중에 나는 로버트 프로스트Robert Frost의 시 '가지 않은 길'The road not taken을 읽고 큰 용기를 얻었다. 그때 나는 수필을 쓰는 사람은 수필가라고 부르고, 소설을 쓰는 사람은 소설가라고 부르는데, 왜 유독 시를 쓰는 사람만 '시가'라고 하지 않고 '시인'poet이라고 부르는지 그 이유를 알 것 같았다.

시인은 바람에 색깔을 입히는 사람으로, 국가가 어려울 때 순수한 '시의 정신'으로 시대를 이끌면서 세상 읽기를 통해 하늘의 섭리를 인간에게, 인간의 삶의 애환을 하늘에 전달하는 메신저 역할을 하는 사람이다.

마찬가지로 시편은 전 인류의 마음을 위로하고 어루만지는, 한

차원 더 높은 생명력의 글이다. 그래서 성경 말씀 중에 시편이 가장 긴 것이다.

"여호와는 나의 목자시니
내게 부족함이 없으리로다.
그가 나를 푸른 풀밭에 누이시며
쉴 만한 물 가로 인도하시는도다.
내 영혼을 소생시키고
자기 이름을 위하여 의의 길로 인도하시는도다.
내가 사망의 음침한 골짜기로 다닐지라도
해를 두려워하지 않을 것은
주께서 나와 함께 하심이라.
주의 지팡이와 막대기가 나를 안위하시나이다.
주께서 내 원수의 목전에서 내게 상을 차려 주시고
기름을 내 머리에 부으셨으니 내 잔이 넘치나이다.
내 평생에 선하심과 인자하심이 반드시 나를 따르리니
내가 여호와의 집에 영원히 살리로다"(시 23)

완전한 해방감과 자유

자, 이제 타임머신(시간 여행)을 타고 2천 년 전의 골고다 언덕으로 가보자!

"군인들이 예수를 십자가에 못 박고 그의 옷을 취하여 네 깃에 나눠 각각 한 깃씩 얻고 속옷tunic도 취하니 이 속옷은 호지 아니하고 위에서부터 통으로 짠 것이라. 군인들이 서로 말하되 이것을 찢지 말고 누가 얻나 제비 뽑자 하니 이는 성경에 그들이 내 옷을 나누고 내 옷을 제비 뽑나이다 한 것을 응하게 하려 함이러라 군인들은 이런 일을 하고"(요 19:23~24).
"예수께서 신 포도주를 받으신 후에 이르시되 다 이루었다 하시고 머리를 숙이니 영혼이 떠나가시니라"(요 19:30).
"그 중 한 군인이 창으로 옆구리를 찌르니 곧 피와 물이 나오더라 이를 본 자가 증언하였으니 그 증언이 참이라 그가 자기의 말하는 것이 참인 줄 알고 너희로 믿게 하려 함이니라"(요 19:34~35).
"염소와 송아지의 피로 하지 아니하고 오직 자기의 피로 영원한 속죄 eternal redemption를 이루사 단번once for all에 성소에 들어가셨느니라"(히 9:12).

식언하지 않으시는 하나님이 약속한 '영원한 속죄', 바로 십자가 위의 고귀한 '예수님의 피와 물'이 주는 완전한 해방감과 자유, 그것을 설명할 수 있는 단어는 없다. 하나님의 놀라운 사랑은 하나님께 드리는 모든 제사에서 단 한 번도 인간을 희생 제물로 쓰시지 않았다는 데서 드러난다. 그 제물은 오직 한 번 영원한 속죄를 위한 자기 피, 곧 예수님의 피였던 것이다.

당신은 살면서 몇 번이나 심장이 멎을 것 같은 벅찬 감격의 순간을 경험했는가? 결코 식언하지 않으시는 하나님이 약속한 영원한 속죄, 고귀한 예수님의 피와 물이 주는 그 완전한 해방감과 자유를 어떻게 말로 설명할 수 있겠는가! 이 자유는 오직 하나님만이 줄 수 있고 하나님의 말씀을 받은 자들만 느끼고 알 수 있는 자유이다 (요 8:32).

"사랑하는 자들아 우리가 일반으로 받은 구원common salvation에 관하여 내가 너희에게 편지하려는 생각이 간절하던 차에 성도에게 단번에 주신 믿음의 도를 위하여 힘써 싸우라는 편지로 너희를 권하여야 할 필요를 느꼈노니"(유 1:3).

"하나님은 한 분One God이시요 또 하나님과 사람 사이에 중보자One mediator도 한 분이시니 곧 사람이신 그리스도 예수라"(딤전 2:5).

머리에서 가슴까지의 멀고 먼 거리와, 2천여 년이라는 길고 긴 세월을 어떻게 극복하고 그 신화(?)를 사실로 받아들일 수 있을까? 무조건 믿고 또 믿고 그냥 머리에 각인시키면 되는 것일까? 2천여

나의 신앙고백 263

년이라는 긴 시간을 뛰어 넘어 머리에서 가슴으로 가는 긴(?) 여정도 결국은 하나님의 능력과 사랑으로만 가능하다는 것을 나는 뒤늦게 깨달았다.

이제 우리가 눈으로 보고 귀로 듣는다는 것이 무엇을 의미하는지 한번 생각해보자. 우리는 우리가 무엇을 보고 듣는다고 생각하지만, 사실은 뭔가가 우리 눈에 보이고 뭔가가 우리 귀에 들리는 것이 아닌가? 빛이 우리 눈의 각막에, 소리가 우리 귀의 고막에 도달해야 그때 비로소 우리는 뭔가를 보고 듣는 것이다. 이처럼 하나님을 믿고 십자가의 도를 이해하는 것은 믿으려고 애쓰고, 이해하려고 노력해서 이루어지는 것이 아니다.

하나님과 인간 사이에 있는 유일한 중보이신 예수와 기록된 말씀 앞에서, 우리가 철저하게 지난 삶을 반성하고 낮아져서 자신이 죄인인 것을 가슴으로 인정하고, 시간과 거리를 뛰어넘는 일이 오직 하나님의 능력이라는 것을 알 때, 그때 비로소 예수님이 십자가 위에서 흘리신 피가 영원한 속죄(히 9:12)의 약속이고 그 약속이 이미 오래 전에 이루어졌음을 확신하고 거듭남을 경험하게 되는 것이다!

주님, 감사합니다. 아멘!

과학자로 살아가면서 기록된 말씀을 현대 과학을 통해 입증할 수 있게 하셨다는 사실과, 과학과 종교는 서로 다른 것이 아니라 하나라는 사실은 성경의 위대성을 입증하는 증거이다.

과학은 신에게 접근하는 길을
종교보다 더 확실하게 제시한다.
— 폴 데이비스(영국의 이론물리학자)

과학에서 인간이 비로소 인간다워지는 길을 발견하고, 나아가 이를 통해서 신을 발견함으로써 인간이 하나님이 창조한 것 중에서 으뜸이라는 것을 자각하면서 비로소 인간다운 '인간'이 되는 것이다.

우리에게 주신 새 계명,
"사랑하라!"

> "새 계명을 너희에게 주노니 '서로 사랑하라' 내가 너희를 사랑한 것 같이 너희도 서로 사랑하라"(요 13:34).

"사랑하라."

가장 쉽고 아름다운 말인데 다시 생각해보면 참으로 어려운 말이다. 무엇이 사랑이고 어떻게 하는 것이 사랑일까? 하지만 분명한 것은 사랑은 명사가 아니라 '동사'라는 것이다. 존재하는 것이 아니라 행동해야 하는 것이다. 그래서 동사이다. 그럼 어떻게 해야 하는 것일까?

인류가 이 세상에 나타나고 그 이후 발행된 책이 약 1억6천만 권쯤 된다고 한다. 구글이 그 중 약 35퍼센트를 검색했고 앞으로 몇 년 내 그 모든 책을 검색할 예정이라고 한다.

이렇게 많은 책 중에 만약 존재하지 않는 책이 있다면 그 책은 과연 어떤 책이겠는가? 나는 이렇게 대답하겠다.

"사랑의 지침서."

사랑에는 지침서가 없다. 단언할 수 있다. "사랑하라"는 지상 최고의 명령은 있지만 행동 지침action plan을 알려주는 시행령이 없다. 왜일까? 나는 그 이유를 창조주가 인간에게 허용한 유일한 창조성이 바로 "사랑하라"이기 때문이라고 생각한다. 사랑에는 원본이 없다. 그렇기 때문에 사랑하는 색깔이 다 다르고, 사랑하는 강도가 다 다르고, 사랑하는 모양이 다 다르고, 사랑하는 방법이 다 다를 수밖에 없다.

사랑은 매우 복잡한 언어라고 한다. 대상에 따라서 다양한 의미와 뉘앙스를 가지고 있다. 데카르트는 사랑을 대상에 따라 세 종류로 분류했다.

"사랑의 대상을 자신 이하로 평가할 때, 그 대상에게는 단순한 '애착'을 가질 뿐이다. 대상을 자신과 동등하게 평가할 때, 그것은 '우애'라고 부를 수 있다. 대상을 자신 이상으로 평가할 때, 인간이 갖추고 있는 정념은 '헌신'이라고 부를 수 있다."[1]

자신의 감정이 애착이라면 자신이 대상을 선택하고 버릴 수 있는 것으로, 꽃이나 고양이, 개와 같은 애완동물을 예로 들 수 있다. 하지만 헌신이라면 자신을 버리고 상대를 선택하는 것으로, 신이나 국가, 가족 등이다. 이렇게 사랑의 대상에 따라서 의미가 다른

---

1   Rene Descartes, *The Passions of the Soul*(1649), tr. Stephen H. Voss(Hackett Publishing Company, 1989), 64.

것은 참다운 사랑을 하는 것이 쉽지 않기 때문이다.

그런데 우리가 자신을 사랑하듯이 신이나 국가, 가족을 사랑할 수 있을까? 미국 스탠포드 대학의 연구 보고서에 따르면, 자신의 몸만 생각하며 사는 암 환자는 평균 수명이 19개월인 반면, 자원봉사 활동을 하는 암 환자는 평균 수명이 전자의 거의 두 배인 37개월이라고 한다. 이는 베푸는 사랑이 바로 우리의 생명력이라는 뜻이 아닐까 싶다.

사랑하라
사랑은 용서보다 거룩한 용서
기도보다 절실한 기도
아무것도 가질 수 없고, 아무것도 남아 있지 않아도
사랑이 있다면 사랑하라
사랑할 때 사랑하라

신과 사랑만이 시간과 공간을 초월할 수 있다. 이것이 영원히 우리 곁을 떠난 사람에 대한 사랑이 존재하는 이유이다. 사랑의 위대성은 바로 이 같은 창조성과 시공간의 초월성에 놓여 있다.

하나님의 창조성은 영원하며 불변의 원리이다.
그러니 인간이 허락받은 창조성이 쉬운 것일 수 없다.
과연 남을 내 몸과 같이 사랑하는 것이
어찌 쉬운 일일 수 있겠는가!
하나님이 기뻐하시는 기도와 사랑은 어쩌면
세상에서 가장 어려운 일일 수도 있다.

아름다운 죽음은
하나님의 위대한 승리

． ． ．

우주 창조의 과정에서 맨 마지막으로 인간을 창조하시고 몹시 기뻐하셨던 하나님! 인간을 많이 사랑하셨기에 가장 귀중한 자유의지도 주시고, 질투도 하시고 한탄도 하시며 진노도 하시는 하나님, 그런 하나님은 창조를 남용하지 않으시고 성령을 통해 예수님을 이 땅에 오시게 하는 놀라운 역사를 만드셨다.

하나님은 인간을 크게 사랑하셨기에 단 한 번도 인간을 제물로 받지 않으셨고, 오직 독생자 예수님만이 십자가 위에서 피를 흘림으로써 인류의 모든 죄를 아무런 대가 없이 사하시는(히 1:3, 9:12) 은총을 베푸셨다. 하지만 십자가에서 돌아가신 예수님은 다시 부활하심으로써 온 인류에게 하나님의 존재를 확인시켜 주셨다.

"그러므로 주께서 친히 징조를 너희에게 주실 것이라. 보라 처녀가 잉태하여 아들을 낳을 것이요 그의 이름을 임마누엘이라 하리라"(사 7:14).

"그의 어머니 마리아가 요셉과 약혼하고 동거하기 전에 성령으로 잉태된 것이 나타났더니"(마 1:18).

"요셉이 잠에서 깨어 일어나 주의 사자의 분부대로 행하여 그의 아내를 데려왔으나 아들을 낳기까지 동침하지 아니하더니 낳으매 이름을 예수라 하니라"(마 1:24~25).

"이 말씀을 하시고 손과 옆구리를 보이시니 제자들이 주Lord를 보고 기뻐하더라"(요 20:20).

"도마가 대답하여 이르되 나의 주님이시요 나의 하나님이시니이다. 예수께서 이르시되 너는 나를 본 고로 믿느냐 보지 못하고 믿는 자들은 복되도다 하시니라"(요 20:28~29).

"장사 지낸 바 되셨다가 성경대로 사흘 만에 다시 살아나사 게바에게 보이시고 후에 열두 제자에게와 그 후에 오백여 형제에게 일시에 보이셨나니"(고전 15:4~6).

"그러나 우리의 시민권은 하늘에 있는지라. 거기로부터 구원하는 자 곧 주 예수 그리스도를 기다리노니 그는 만물을 자기에게 복종하게 하실 수 있는 자의 역사로 우리의 낮은 몸을 자기 영광의 몸의 형체와 같이 변하게 하시리라"(빌 3:20~21).

"진실로 진실로 너희에게 이르노니 죽은 자들이 하나님의 아들의 음성을 들을 때가 오나니 곧 이 때라 듣는 자는 살아나리라"(요 5:25).

"보라 내가 너희에게 비밀을 말하노니 우리가 다 잠 잘 것이 아니요 마지막 나팔에 순식간에 홀연히 다 변화되리니 나팔 소리가 나매 죽은 자들이 썩지 아니할 것으로 다시 살아나고 우리도 변화되리라"(고전 15:51~52).

"주께서 호령과 천사장archangel의 소리와 하나님의 나팔 소리The trumpet of God로 친히 하늘로부터 강림하시리니 그리스도 안에서 죽은 자들이 먼저 일어나고 그 후에 우리 살아 남은 자들도 그들과 함께 구름 속으로 끌어 올려 공중에서 주를 영접하게 하시리니 그리하여 우리가 항상 주와 함께 있으리라"(살전 4:16~17)

예수님은 놀라운 기적의 부활을 많은 사람들에 보이시고 승천하신 후에 성령으로 오셔서 지금까지 복음의 씨앗을 심고 계신다. 그리고 친히 하나님의 나팔로 죽은 자를 먼저 깨우시고 살아있는 자들과 함께 구름 속으로 끌어 올려 주를 영접하게 하신다.

여기에서 하나님의 나팔로 죽은 자를 먼저 깨우시는 이유는 뭘까? 산 자보다 죽은 자를 변화시키는 것이 시간과 노력이 더 필요(?)해서 죽은 자를 먼저 깨우시는 것일까? 한 인간의 삶을 필름에 담아 초고속으로 돌리면 인간의 일생이 단 몇 초로 보여질 수 있듯이, 하나님이 죽은 자를 살리고 산 자를 변화시켜 공중으로 끌어 올리는 것은 아주 쉬운 일이다. 이 모든 것이 하나님의 위대한 승리이기에 우리는 하나님을 경외하는 삶을 살아야 한다.

몇 년 전 나는 한 병원에서 뇌혈관 시술을 받았다. 그리고 중환자실에서 하룻밤을 보냈다. 그날 밤 내가 중환자실에서 본 것은 실날 같은 생명줄에 의지해 살기 위해 사투를 벌이는 다른 환자들의 모습이었다. 오직 살기 위해 발버둥치는 그들의 모습을 보면서 우리는 왜 생을 아름답게 마감할 수는 없는 것일까 하는 씁쓸한 회의에 사로잡혔다.

삶을 포기할 수 없기에 오는 죽음의 공포와 육신의 고통으로부터 오는 신음소리로 가득 찬 병실은 그야말로 삶과 죽음이 공존하는 공간이었다. 그들의 몸부림을 보며 죽음은 우리에게 얼마나 두려운 존재인가를 생각해 보았다. 하지만 나는 그 절박한 생과 사의 갈림길에서 마음이 편안했다. 놀라운 일이었지만 정말 그랬다.

나는 절박한 생과 사의 갈림길에서 편안한 마음을 주신 하나님께 감사했다. 죽음의 순간, 그 생의 마지막 순간에 죽음을 아름답게 맞이할 수 있다는 것은 전적으로 하나님의 위대한 승리라는 생각이 들었다. 내가 이 세상에 태어났을 때 나는 고통과 두려움으로 분명히 울면서 태어났을 것이다. 하지만 태어난 나를 보며 부모님과 주변 사람들은 분명 기뻐했을 것이다. 그처럼 짧은 생을 마감하고 영생으로 가는 길에 나는 잠시 육체적인 고통을 받기는 하겠지만, 하나님은 분명 기뻐하실 것이 틀림없다.

우리에게 죽음의 순간은 아이러니하게도 삶을 위한, 삶을 향한, 삶에 대한 한 개인의 처절한 몸부림의 시간이다. 이 절대 고독의 순간, 이 절대 정적의 공간 속에서 우리는 처음으로 우리를 만든 창조자와 대면하는 경험을 할 수 있다.

죽음은 어쩌면 '지금의 나를 버리고 새로운 나를 만나는 순간'일 수 있다. 무한하게 계속되는 삶은 오히려 재앙일 수 있다. 우리의 삶이 빛나는 것은 이 삶의 배후에 늘 죽음이 기다리고 있기 때문이다. 하루의 햇살이 가장 눈부신 순간은 장엄한 하루를 마감하고 스러지는 일몰의 순간이다. 그래야만 우리의 탄생은 비극이 아니라 축복이 될 수 있다.

젊었을 때 세계적인 문호 셰익스피어의 희곡 『로미오와 줄리엣』을 읽으며 로미오와 줄리엣의 그 비극적인 사랑 때문에 눈물을 흘렸던 기억이 있다. 하지만 나이가 들어 생각해보니 왜 『로미오와 줄리엣』이 셰익스피어의 '4대 비극'에 포함되지 않았는지 이해할 수 있을 것 같다. 왜냐하면 사랑은 죽음을 통해 그것의 영원성을 확보할 수 있기 때문이다. 예수님의 '십자가의 도가 바로 그것이고, 하나님의 자녀의 죽음이 바로 영생이기 때문이다.

인생

김광섭(1905~1977)

너무 크고 많은 것을

혼자 가지려고 하면

인생은 불행과 무자비한

칠십 년 전쟁입니다

이 세계가 있는 것은 그 때문이 아닙니다

신은 마음이 가난한 자에게

평화와 행복을 위하여

낮에는 해 뜨고

밤에는 별이 총총한

더없이 큰

이 우주를 그냥 보라구 내 주었습니다

죽음에 관한
또 하나의 고찰

. . .

우리의 삶은 축복인가, 선물인가, 아니면 저주인가?

"그러므로 나는 살아 있는 산자보다 죽은 지 오랜 죽은 자를 복되다 하였으며 이 둘 보다 출생하지 아니하여 해 아래서 행하는 악을 보지 못한 자가 더욱 낫다 하였노라"(전 4:2~3).

성경은 왜 일찍 죽거나 태어나지 않는 것이 더 낫다고 했을까?
지금까지 철학은 '좋은 죽음'을 연습하는 것이라고 선언해왔다. 죽음은 인간의 한계 중 가장 넘기 힘든 것으로 논의되어 왔다. 그래서 죽음의 철학은 있어도 탄생의 철학은 없었다. 오직 '탄생한 삶의 고통'에 대해서만 많이 다루었다. 이는 아마도 인간의 탄생이 우주의 창조와 함께 창조자에게 가장 중요한 목적으로 그 자체가 가장 자연스러운 일이기 때문일 것이다.

삶을 살면서 풀리지 않는 의문 중 하나가 인간은 왜 다른 동물과 달리 태어날 때 그 엄청난 산고를 겪어야 하고, 살아가는 동안 많은 병과 싸우며, 암과 같은 극심한 고통을 겪으며 삶을 마감해야 하는가였다. 나로서는 나중에 신을 만나면 꼭 물어보고 싶은 질문이었다.

산고는 생명의 소중함을 일깨우고 더 나아가 엄마와 자식 간의 강한 사랑을 위한 것일 것이다. 그 고통 때문에 인간의 자식은 다른 어떤 동물보다 더 오랜 시간 어미의 품에 머무는 것이 아닐까?

나이든 사람들은 가끔 '어떤 죽음이 가장 편안한 죽음일까'에 대해 이야기를 많이 한다. 9988/1234, 즉 99세까지 팔팔하게 살다가 1~2일 앓고, 3일째 심장마비로 아무런 고통 없이 죽는⑷ 것과, 죽음을 예감하면서 암과 같은 질병으로 고통 받으며 생을 마감하는 것 가운데 어느 쪽을 선택하겠느냐고 물으면 아마 거의 모든 사람이 전자를 택할 것이다. 하지만 나는 후자를 택하는 것이 맞다고 생각한다.

나는 하나님이 왜 인간에게 병이라는 고통을 주고, 특히 죽음이 무서운 병마와 함께 해야 하는지 이해한다. 20대 때 육군병원에서 마취도 하지 않은 채 받은 탈장 수술로 죽을 뻔했던 경험, 유학 중 연구실에서 화상을 입고 피부이식을 하며 경험했던 고통, 결핵으로 삶을 포기할 뻔했던 정신적 고통, 그 외에 디스크 수술이나 머리에 스텐트를 삽입하는 경험을 하면서 그 끔찍한 고통 속에서 신을 원망했다. 그러면서도 다른 한편으로는 신이 자신이 창조한 가장 사랑하는 피조물에게 고통을 주는 데는 분명 이유가 있을 것이라고 생각했다.

몇 년 전 병원 중환자실에서 수술을 받고 꼬박 밤을 지새운 적이 있다. 그곳에서 삶과 죽음의 갈림길에서 고통 받는 주변의 환자들을 보면서 우리에게 주어지는 '고통의 의미'를 처음으로 깨달았다. 그것은 죽음의 고통을 통해 우리에게 그동안의 삶을 돌아볼 수 있는 기회가 주어진다는 사실이다. 육체적인 고통이나 정신적인 고통 모두 원인이 있기에 그 기회를 통해 우리는 반성과 참회의 시간을 갖게 된다. 그런 의미에서 질병이나 고통은 때로는 꼭 필요한 청량제(?) 같은 역할을 한다.

의사는 왜 아이가 울어도 주사바늘을 꽂고 환자가 비명을 질러도 환부에 칼을 댈까? 그것은 그 고통 너머에 있는 치유의 기쁨을 바라보기 때문이다. 사람은 아프면서 자란다고 했던가? 이것이 우리가 고통을 우리 삶의 일부로, 더 나아가 우리 삶의 근원으로 받아들여야 하는 이유이다.

삶과 죽음 사이

분명한 것은 모든 고통은 한계가 있으며 그 너머에는 삶의 진실이 있다는 것이다. 그렇기에 인생은 어쩌면 고통을 풀어 삶의 둥지를 만드는 과정이 아닐까 싶다. 삶의 고통을 모르는 사람이 과연 무엇을 알 수 있겠는가?

이 세상의 어떤 사람도 삶의 고통과 죽음 앞에 당당할 수 없다. 죽음 앞에서 우리는 주변 사람들과의 얽히고설킨 한을 풀고 진정한 자기 삶의 반성, 혹은 자식이나 주변 사람들에게 남기고 싶은 말들을 정리하게 된다. 특히 진정한 참회 속에서 창조자 하나님을 찾는다면 그것이야말로 죽음을 맞이하는 사람의 올바른 자세일 것이다. 이것이 우리 삶에 죽음과 고통이 함께하는 이유이다.

놀라운 것은 이런 생각을 정리하면서 육체의 고통이 훨씬 가벼워졌고, 더 나아가 고통에 감사할 수 있는 마음이 생겼다. 그리고 평안이 찾아왔다. 세상을 어떻게 살아왔고 또 살고 있든지 고통과 죽음 앞에서 하나님께 진정으로 참회할 수 있다면 그 삶은 축복 받은 삶이 아닐까 싶다.

죽음을 앞 둔 노인에게서는 약한 시력과 청력, 흘러내리는 근육, 사막과 같은 피부밖에 찾을 수 없다. 그러나 이처럼 무섭고 허망한 죽음 앞에서 우리는 오히려 과거 우리의 젊은 시절이 얼마나 찬란했던 것인지를 깨닫는다. '생명'과 '사랑'과 '동행'은 그 속성상 동의어이다. 생명과 사랑의 뒤에는 죽음과 이별이 있다.

죽음과 소멸이 없는 삶과 생명은 없다. 하지만 생명은 죽음보다 강하고 사랑은 이별 앞에서 더 영롱하게 빛난다. 단테가 말했듯이 우리는 동물처럼 살기위해 창조된 것이 아니다. 우리는 덕과 지식을 추구하기 위해 창조되었다. 우리의 지성은 육체와 함께 죽음을 맞이할 것이다. 그러나 자신의 죽음을 아는 것, 바로 그 지점에 지성의 자유가 있다. 창조가 우리에게 주는 최고의 선물은 '자유'이기에, 성경 말씀이 갖는 생명력이 우리 인간들을 '자유의 길'로 인도할 것이다. (고후 3:15~18)

인간은 모든 동물 중에서 유일하게 머리를 들어 하늘을 볼 수 있는 존재이다. 하늘을 보고 최선을 다해 노력하는 존재이다. 그리고 죽음은 끝이 아니라 영원한 삶의 시작이라고 생각한다. 우리가 마지막으로 건너야 할 강, 그 죽음의 강을 건널 때 우리는 과연 무엇을 가지고 가야 할까? 그것은 바로 존재하고 느끼는, 그러나 중량이 없어 무게를 측정할 수 없는 '사랑으로 가득한 명품의 시간'이 아닐까?

죽음이 없다면 삶은 더 이상 축복일 수 없다. 그렇기에 죽음은 또 다른 여행이다. 우리의 인생은 각자 시작은 다르지만 끝은 정해져 있다. 그리고 확실한 것은 죽을 때까지 '바로 그곳'에 시간이 있다는 것이다. 시간은 어쩌면 삶이고 생명이다. 죽음은 기존의 나를 버리고 새로운 나를 만나는 과정이며 비본질적인 존재를 버리고 본질적인 존재와 조우하는 것이다. 탄생과 죽음의 과정, 바로 거기에 창조자의 깊은 뜻이 담겨 있다.

나를 버려야 만날 수 있는
'새로운 나'

...

앞에서 성경을 읽으면서 경험했던 나 자신의 종교적 체험에 관해 잠깐 언급했다. 나에게 이 경험이 무엇보다 중요한 것은 이 경험을 통해 내가 비로소 성경을 '읽게' 되었다는 사실이다. 그전까지 나에게 가장 어려웠던 책은 바로 성경이었다. 그동안 많은 책을 읽었지만 성경처럼 어려운 책은 처음이었다. 내용이 이해가 안 되기도 했지만 무엇보다도 재미가 없었다.

그런데, 갑자기 성경을 읽는 것이 너무너무 재미가 있었다. 그동안 내 머릿속에 파편처럼 흩어져 있던 토막 지식들이 하나로 정리되면서 성경의 내용을 이해할 수 있게 되었다. 그것은 마치 제멋대로 흩어져 있던 퍼즐 조각들이 일목요연하게 하나로 맞춰지는 것과 같았다. 나는 비로소 나의 과학 지식을 통해 성경을 새롭게 해석해 낼 수 있었다.

이런 경험을 통해 나는 성경이 너무도 재미있을 뿐만 아니라 아주 '귀한 책'이라는 사실을 깨달았다. 그때부터 내게는 하나의 소망이 생겼다. 그것은 내가 경험하고 읽은 성경의 내용을 주변 사람들에게 전하고 싶다는 소망이었다. 내가 해외에서의 연구생활을 순순히 접고 정부의 요청에 따라 귀국할 수 있었던 것도 그 때문이었다.

나는 성경을 읽으면서 죽음의 공포를 극복할 수 있었다. 인간에게 있어 죽음은 생의 마감일까, 아니면 새로운 삶의 시작일까 하는 의문도 쉽게 정리됐다. 죽음이 곧 영생으로 통한다는 사실이 마음으로 믿어졌다. 이는 위험과 죽음으로부터의 해방이라고 할까, 참으로 놀라운 경험이었다. 나는 이전에 천둥과 번개를 몹시도 무서워했다. 하지만 그 번개와 폭풍우가 비료를 만들고 공기를 정화한다는 사실을 깨닫게 되면서부터는 오히려 그것들이 아름다운 풍경으로 다가왔다.

그뿐만이 아니었다. 그동안 마음속으로 미워했던 사람들이 쉽게 용서가 되었다. 아니, 그들이 불쌍하고 측은하게 여겨졌다. 과거에는 이성과 체면 때문에 멀리했던 유혹들이 자연스럽게 내 마음속에서 떨어져 나갔다. 나는 '진정한 자유'가 무엇인지 알게 되었다. 무엇보다도 가장 큰 변화는 매사에 긍정적으로 생각하게 되었고 어려운 일도 쉽게 판단할 수 있게 되었다.

사람들을 대할 때도 그들의 단점보다는 장점을 더 많이 보게 되었고, 나를 더 낮출 수 있게 되었다. 하지만 내가 하고 있는 일에는 반대로 자신감이 커졌다. 지난 30여 년 간의 연구생활에서 모든 과제를 성공적으로 완수할 수 있었던 것도 바로 이런 자신감이 크게 작용했다는 생각이 든다. 그리고 과거 그 어느 때 보다 더 시간을 아끼고 더 열심히 살게 되었다.

"게으른 자여 개미에게 가서 그가 하는 것을 보고 지혜를 얻으라"(잠 6:6).

나는 대자연의 신비와 질서 속에서 그분을 볼 수 있기에 자연의 소중함을 깨닫게 되었다. 하나님이 인간을 창조할 때 100퍼센트 완전하게 창조하시지 않은 이유를 알게 되었다. 내가 하나님을 통해 본 자연은 변덕쟁이가 아니었고 수학의 법칙에 따라 질서정연하게 운행되는 균형이자 조화였다. 그래서 나는 하나님은 결코 우주를 상대로 주사위 놀이 같은 것은 하지 않으실 것이라는 확신을 갖고 있다.

"예수께서 이르시되 내가 곧 길이요 진리요 생명이니 나로 말미암지 않고는 아버지께로 올 자가 없느니라"(요 14:6).

기독교(성경)는 공포심에 근거한 종교가 아니다. 또 기도만 하면 무엇이든지, 어떻게든지 해주는 그런 비합리적인 신앙(믿음)도 아니다. 내가 본 성경은 지극히 합리적이고, 과학적이고, 논리적이고, 이성적인 기록이다. 기독교가 범하는 가장 큰 오류는 어쩌면 하나님의 말씀을 잘못 이해하고 오용하며 강요하는 것이다.

"순종이 제사보다 낫고 듣는 것이 숫양의 기름보다 나으니"(삼상 15:22)

여기서 중요한 것은 비합리적이고, 비이성적이고, 맹목적인 순종이 아니라 합리적이고, 이성적인 순종이다. 그것이 하나님이 진정으로 원하는 믿음이라 생각된다. 그래서 내 기도는 아주 단순해졌다.

"하나님의 말씀 안에서 살아갈 수 있도록, 성경과 책을 읽을 수 있도록 제 시력을 보호해 주옵소서."

이것뿐이다. 하나님은 내가 무엇을 원하고 필요로 하는지 이미 알고 계시기 때문이다. 나는 한 번도 나의 건강을 위해 기도해 본 일이 없다. 건강은 나 자신의 노력으로 스스로 지키는 것이라고 생각하기 때문이다. 나는 한국원자력연구소에서 퇴직 한 후 14년 동안 단 하루도 빠지지 않고 비가 오나 눈이 오나 새벽 5시에 동네 운동장에서 6킬로미터 조깅을 했고 앞으로도 할 것이다.

나는 매일 아침 5시면 집 인근 운동장으로 향한다. 수십 년째 6킬로미터 조깅을 한다. 이 일을 비가 오나 눈이 오나 단 하루도 거른 적이 없다. 눈이 온 추운 겨울 아침에는 아무도 없는 운동장에서 조깅을 하기 전에 눈 위에 발로 그림을 그린다. 그 그림이 이 사진이다. 새하얀 눈 위에 이렇게 발로 하트 모양을 만들면서 기도를 한다. 건강한 하루를 주신 하나님께 감사하는 기도다. 또 오늘 하루가 내 인생에 있어 가장 젊은 날이 될 수 있게 해달라는 기도다. 나의 하루는 항상 이렇게 시작된다.

나의 유일한 기도는 이것이다.

"내가 이 땅에 사는 동안
성경과 책을 읽을 수 있도록 시력을 보호해 주시옵소서."

오직 이것뿐이다.

시력을 잃어 더 이상 성경과 책을 읽을 수 없다면 도대체 삶의 의미를 어디에서 찾을 수 있겠는가!

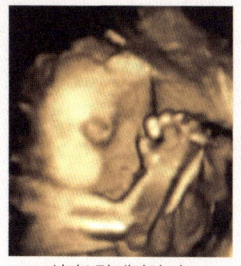 

신비스런 태아의 기도　　건강하게 자라고 있는 김시온군

내가 주례를 했던 한 부부의 남편이 그만 잘못된 길로 빠져들었다. 친구의 유혹에 넘어가 도박과 술에 빠져 허랑방탕한 생활을 하게 된 것이다. 그런 남편 때문에 부인은 매일 눈물로 세월을 보냈다. 임신까지 한 상태였는데 할 수 있는 일이라고는 엎드려 하나님께 기도하는 일밖에 없었다.

그러던 중 부인이 산부인과를 가게 되었다. 검진을 하며 태아의 발육상태를 촬영하게 되었는데, 놀라운 일이 벌어졌다. 초음파로 촬영된 태아의 모습이 바로 기도하는 모습이었던 것이다. 그 사진이 너무 놀랍고 신비해서 부인이 내게 이 사진을 보내주었다. 이 사진을 본 남편은 비로소 정신을 차리고 하나님의 자녀로 다시 태어났다. 아이 역시 잘 태어나 건강하게 무럭무럭 자라고 있다.

이 사진을 들여다보고 있노라면 태아에게도 영혼이 깃들어 있다는 확신이 든다. 우리의 간절한 기도를 들으시는 하나님은 태아를 비롯해 모든 인간에게 기도하는 마음을 주셨다. 그 놀라운 능력과 은혜에 그저 감사할 따름이다. 우리가 무슨 일이 있어도 임신중절이나 낙태를 하지 말아야 하는 것은 하나님의 지엄한 뜻을 지키는 일일 것이다.

나의 기도

성경 말씀을 통해 위대한 하나님의 실존을 확신하고 난 뒤 내가 가장 어려웠던 것이 남을 사랑하는 것과 기도하는 것이었다.

"새 계명을 너희에게 주노니 서로 사랑하라. 내가 너희를 사랑한 것 같이 너희도 서로 사랑하라"(요 13:34).
"둘째는 그와 같으니 네 이웃을 네 몸과 같이 사랑하라 하셨으니 이 두 계명이 온 율법과 선지자의 강령이니라"(마 22:39-40).

타인을 어떻게 내 몸과 같이 사랑할 수 있을까? 내 힘으로는 도저히 할 수 없는 일이 아닐까?
또 이미 우리의 혼과 영과 생각을 다 읽고 계신 하나님께 무엇을 또 달라고 기도한단 말인가?

"하나님의 말씀은 살았고 운동력이 있어 좌우에 날선 어떤 검보다도 예리하여 혼과 영과 및 관절과 골수를 찔러 쪼개기까지 하며 또 마음의 생각과 뜻을 감찰하나니 지으신 것이 하나라도 그 앞에 나타나지 않음이 없고 오직 만물이 우리를 상관하시는 자의 눈 앞에 벌거벗은 것 같이 드러나느니라"(히 4:12~13).

"중언부언하지 말고 골방에서 기도하라"(마 6:6~8)는 말씀을 읽으면서 기도하라는 말씀이 구걸하는 기도가 아니라 하나님을 기쁘시게 하는 기도라는 사실을 어렴풋이 알게 되었다. 그 이후로 내가 아닌 다른 사람을 위한 기도(딤전 2:1), 특히 다른 사람의 건강을 위해 기도하지만, 나 자신의 건강을 위해서는 단 한 번도 기도해 본 적이 없다.

나 자신의 건강을 위해 기도하지 않는 것은 건강은 스스로 지켜야 하는 것이기 때문이다. 사람은 병 들어서, 혹은 아파서 걷지 못하는 것이 아니다. 절제하는 삶을 살지 않고, 운동하지 않고, 스스로 걷지 않기 때문에 걷지 못하게 되는 것이다.

또 하나의 기도

1979년 정부의 부름을 받고 귀국을 결심했을 때 나는 두려움과 설렘을 동시에 느꼈다. 그때 어떤 지인이 내게 준 말씀이 큰 힘이 되었다.

"내가 두 가지 일을 주께 구하였사오니 나의 죽기 전에 주시옵소서. 곧 허탄과 거짓말을 내게서 멀리 하옵시며 나로 가난하게도 마옵시고 부하게도 마옵시고 오직 필요한 양식으로 내게 먹이시옵소서. 혹 내가 배불러서 하나님을 모른다 여호와가 누구냐 할까 하오며 혹 내가 가난하여 도적질하고 내 하나님의 이름을 욕되게 할까 두려워함이니이다"(잠 30:7~9).

이 소박한 기도는 쉬운 것 같으면서도 어려웠다. 그 이후 나를 말씀 속에서 살아갈 수 있도록 붙들어 준 힘이 바로 이 말씀이었다.

나의 삶은…

나의 삶이란 결국 손으로는 씨를 뿌리고 눈으로는 거두는 삶이다. 내가 손으로 뿌리는 씨앗은 글쓰기이고, 눈으로 거두는 것은 글 읽기이다. 글을 읽는다는 것은 밖의 것을 받아들이는 일이고 글을 쓴다는 것은 내 안의 것을 밖으로 내보내는 일이다. 이것이 나의 삶이고 내가 존재하는 방식이며 동시에 나를 위해 사는 방식이다.

우리는 모두 자신을 위해 산다. 만약 내가 나를 위해 사는 것이 아니라면 누가 나를 위해 살겠는가? 하지만, 내가 만약 나만을 위해 산다면 나는 과연 어떤 존재일까? 오직 자기 자신만을 위해 사는 사람은 결국 그 자신일 자격조차 없는 존재이다. 존재하는 모든 것에는 원인이 있고, 그 원인은 바로 창조자인 '신'이다.

우리의 삶에 사랑이 없으면 우리는 일평생 다른 사람과 싸워야 하고 신과도 싸워야 한다. 이 세상에서 가장 큰 즐거움이자 축복은 내가 인간으로 태어났다는 사실이어야 한다. 인간이 서로 사랑해야 하는 이유는 스스로 '낮아지는 법'을, 남을 용서할 수 있는 '용기'를, 삶과 죽음에 대한 두려움이 없고, 고독과 침묵과 함께하는 '자유'의 소중함을 느낄 수 있기 때문이다.

나는 내 삶이 그리스도의 사랑의 힘에 의지해 이웃을 돕고 사랑하는 것이라고 생각한다. 사랑은 우리 안에 있는 모든 것의 시작이자 끝이다. 나는 하나님으로부터 무엇인가 받고자 하는 사람이 아니라 하나님께 오직 감사기도만 드리는 사람이 되고 싶다. 인간이 하나님께 드릴 수 있는 것은 사실 아무것도 없다. 오직 "너희가 여기 내 형제 중에 지극히 작은 자 하나에게 한 것이 곧 내게 한 것이니라"(마 25:40)는 말씀에 순종하는 것뿐이다.

우리가 죽음 앞에서 웃을 수 있는 이유는 우리가 하나님의 능력으로 지음을 받았고, 아무런 대가 없이 보혈의 은혜로 값없이 얻은 구원의 자유를 갖고 있기 때문이다. 삶은 죽음이 있기에 비로소 의미를 지닌다. 어떻게 죽어야 하는 지를 알면 어떻게 살아야 하는 지도 알게 된다. 죽음을 보면 삶이 보이듯, 인간은 죽음을 통해 절대자에 이르는 길을 찾게 된다. 십자가 위의 그리스도의 도가 우리에게 주는 메시지가 바로 이것이다.

티베트 사자의 시

내가 태어났을 때 나는 울었고
내 주변의 모든 사람들은 웃고 즐거워하였다

내가 내 몸을 떠날 때 나는 웃었고
내 주변의 모든 사람들은 울며 괴로워하였다

When you were born, you were crying
and every one around you was smiling

Live your life so that when you die
You are the one who is smiling
and every one around you is crying.

신의 다른 이름은 사랑일지도 모른다. 프랑스 시인 알프레드 드 뮈세[1]는 이렇게 말했다. "이 세상에서 나에게 남은 유일한 진실은 내가 가끔 울었다는 것이다."

미국 인디언 격언 가운데 인간의 눈에 눈물이 없으면 그 영혼에 무지개가 없다는 말이 있다. 우리는 살면서 남을 위해 몇 번이나 울었는가?

"새 계명을 너희에게 주노니 서로 사랑하라. 내가 너희를 사랑한 것 같이 너희도 서로 사랑하라"(요 13:34).

예수께서는 왜 새 계명으로 '사랑'을 주셨을까? 창조는 하나님만의 능력으로 인간에게는 허용되지 않은 능력이다. 그러나 하나님

---

[1] Alfred de Musset, 1810~1857.

이 인간에게 허용한 단 한 가지 창조성이 있다면 그것은 '사랑하는 것'이다. 왜냐하면 사랑에는 원본이 없기 때문이다. 사랑에는 이렇게 사랑하라 혹은 저렇게 사랑하라는 '매뉴얼'이 없다. 세상 모든 사람은 사랑하는 방법이 다 다르다. 그 이유는 사랑 그 자체는 인간에 주어진 유일한 창조성으로 '원본'이 없기 때문이며 사랑은 창조자의 다른 이름이기 때문이다. 우리의 삶의 목적은 이처럼 내게 주어진 유일한 창조성을 활용하고 실천하는 것이다.

이곳에 사는 동안 성경과 책을 읽을 수 있도록 나의 시력을 보호해 주십시오. 아멘!

유한한 삶을 사는 우리는
무슨 힘으로 살아갈까?
그것은 바로 사람을 사랑하는 힘이다.
여기에 창조자 하나님을 알고,
사랑하는 마음을 하나 더하면
그것은 바로 가장 위대한 진리(요 3:16)를
발견하는 것이다.

Freedom is not free
Only the LOVE OF GOD is free

세상에는 어떤 것도 공짜는 없다.
오직 하나님의 사랑만이 공짜이다. (롬 5:8)